MÉMOIRE

POUR

MM. EMANUEL MAYER DALMBERT

ET

BENJAMIN,

PROPRIÉTAIRES DES LITS MILITAIRES DE L'EX-ROYAUME DE WESTPHALIE,

CONTRE

LA VILLE DE MAGDEBOURG.

A PARIS.

1816.

MÉMOIRE

POUR MM. EMANUEL MAYER DALMBERT et BENJAMIN, Propriétaires des Lits Militaires de l'ex-Royaume-de Westphalie ;

CONTRE LA VILLE DE MAGDEBOURG.

LA contestation qui s'est élevée entre la ville de Magdebourg d'une part,

Et les sieurs EMANUEL MAYER DALMBRET et BENJAMIN, Propriétaires des lits militaires de l'ex-Royaume de Westpha lie d'autre part,

Présente, par sa nature et d'après les événemens politiques, des questions importantes à résoudre :

1.° Des Marchés souscrits sous la garantie de la foi politique; et des traités alors existans, peuvent-ils être considérés comme anéantis de plein droit, parce que le Gouvernement qui les a souscrits, a, par le fait, cessé d'exister?

La ville de Magdebourg, qui, pour soulager ses habitans des frais énormes qu'entraîne après soi l'obligation de loger les militaires chez le bourgeois, a, le 10 décembre 1808, sous l'autorisation et du consentement du Ministre et du Préfet de l'Elbe, souscrit avec lesdits Propriétaires un marché d'établissement et d'entretien des lits militaires, depuis le 10 décembre 1808 jusqu'au 1.er janvier 1818, peut-elle aujourd'hui, sous le prétexte de la dissolution du Gouvernement westphalien, se prétendre dégagée de l'exécution d'une obligation solemnelle ?

3.° La ville a-t-elle le droit d'exiger le remboursement des avances qu'elle a faites aux Propriétaires, lors de l'établissement des lits, lorsque dans le contrat passé avec les Propriétaires, pour l'établissement de ces mêmes lits, ces derniers ne se sont nullement engagés à un remboursement quelconque; mais ont seulement consenti à ce qu'il fût exercé sur le prix des loyers des lits par eux établis, une retenue, et par portion égale, de trimestre en trimestre, pendant la durée dudit marché, et jusqu'au remboursement complet de ses avances, et non de les rembourser de leurs fonds ?

EXPOSÉ DES FAITS.

A l'époque de la formation du Royaume Westphalie, le Ministre de la guerre crut devoir traiter avec des personnes qui se chargeraient de l'établissement et de l'entretien de tous les lits de casernes nécessaires pour le logement des troupes, dans toutes les places du Royaume susceptibles de recevoir garnison, au moyen de certaines avances de la part du Gouvernement, remboursables de trimestre en trimestre par les Entrepreneurs, et des prix à allouer auxdits Entrepreneurs, pour loyer et prime d'occupation desdits lits. Ces mêmes Entrepreneurs seraient chargés d'établir et d'entretenir, à leurs propres frais, tous les lits de casernement que le Ministre jugerait à propos de faire établir.

Ces avances devaient consister, partie en argent comptant, partie en une cession en forme de vente des différens lits et effets de casernement qui, à cette époque, existaient dans l'étendue du Royaume; en s'engageant de rembourser par trimestre le montant des avances et prix d'estimation desdits lits et effets, les Entrepreneurs en seraient considérés comme les Propriétaires : ces clauses convenues et arrêtées, le 10 janvier 1808, sont l'objet du premier marché relatif à l'établissement et l'entretien des lits de casernement, qui fut conclu pour neuf ans et onze mois entre le Ministre de la guerre et les Propriétaires, et dont copie est annexée au présent (*Voyez* Pièces justificatives, page 1 et suiv.).

Ce marché en 42 articles renferme toutes les clauses et conditions stipulées par les parties contractantes, la composition des lits complets, leur nature, la police à observer pour veiller à leur entretien, à leur conservation, au blanchissage, à tous les articles nécessaires pour former un lit complet; la composition des demi-fournitures; trois demi-fournitures devant former l'équivalant de deux lits complets.

Par l'art. 12, les lits établis par les Entrepreneurs doivent servir uniquement aux troupes formant la garnison des places indiquées par le Ministre; dans le cas des marches ordinaires ou des mouvemens imprévus, elles doivent loger chez l'habitant.

Il sera (art. 18) fourni gratis aux Entrepreneurs des greniers et magasins dans chacune des places, pour serrer les effets et pour l'exploitation de leur service; leurs préposés y seront logés gratis; en cas de difficultés, le Ministre y pourvoira en affectant des bâtimens militaires les plus convenables à cet objet.

Art. 24. Si une des places où les Propriétaires auraient leur magasin venait à être prise par l'ennemi, s'il survenait quelques pertes causées par un incendie, par vol, par l'insalubrité du magasin, ou bien par quelque autre cas prévu ou non prévu, non causé par le fait des Propriétaires ou celui de leurs préposés, tous les objets qu'ils justifieraient avoir été perdus, leur seraient payés de même que le montant des dégâts et dommages, et cela, d'après des procès-verbaux de reconnaissance et d'estimation dressés par les Commissaires des guerres, assistés d'experts respectifs.

Par les articles 25 et 26, les Propriétaires sont mis en possession de tous les lits et vieux effets de casernement qui seront découverts dans les lieux étrangers au service, ou entre les mains des individus qui n'y auraient pas droit, des experts respectifs, assistés d'un Administrateur municipal, en feront l'estimation; le montant de ces effets sera imputable sur la valeur de 50 fr. stipulée dans l'art. 42, et, à cet effet, il sera établi deux classes d'estimation de ces lits et effets repris par les Propriétaires.

La première classe, relative aux effets prêts à servir de suite, dont toutes fois le prix etimatif sera retenu par trimestre sur le loyer dû aux Propriétaires pendant la durée du Marché, tiendra lieu de l'avance accordée, pour un nombre égal d'effets neufs réduits en fournitures complètes.

La deuxième classe d'estimation, composée des effets hors de service ou à réparer, formera un capital, dont également les Propriétaires seront redevables au Gouvernement, et sera de même retenu par trimestre sur le loyer pendant le cours du Marché, et ils seront obligés de fournir sans avances autant de bons lits que le dividende de l'estimation de cette deuxième classe contiendra de fois 120 fr., valeur représentative d'un bon lit.

En vertu de cette clause, les Entrepreneurs sont de droit propriétaires des lits qui leur seront remis et qu'ils établiront, et ils n'en pourront être dépossédés sans leur consentement, même après l'expiration du présent marché.

L'art. 31 porte, que les Propriétaires recevront pour chaque lit qu'ils auront entretenu, pourvu que le nombre n'en dépasse point, par place, celui compris dans la fixation arrêtée par le Ministre, les prix suivans:

SAVOIR:

Pour un lit de soldat, par an.	12 fr.	15 c.
Pour une demi-fourniture.	8.	

Il leur sera en outre alloué une prime d'occupation, attribuée au plus grand nombre des lits, qui, dans chaque place auront été occupés à la fois dans le cours de chaque trimestre par les troupes stationnées.

Elle est ainsi fixée :

Pour un lit de soldat, par trimestre.	2 fr. 80 c.
Pour une demi-fourniture.	1 25 «

L'article 32 porte :

Si le Ministre juge qu'il est utile au bien du service d'ordonner la suppression de tout ou partie des lits d'une place, comprise dans la fixation ou ajoutée à cette fixation, les Entrepreneurs jouiront, à titre d'indemnité de loyer, des lits supprimés, pendant une année, sans qu'ils soient obligés de justifier l'existence actuelle des lits qu'ils pourront faire transporter dans d'autres places, pour y servir au remplacement successif des effets devenus hors de service.

Cette année du loyer commencera à courir du premier jour du trimestre où la suppression des lits aura été notifiée aux Entrepreneurs, si cette notification a lieu dans les premiers quarante-cinq jours du trimestre. Dans le cas contraire, elle ne commencera que dans les premiers jours du trimestre suivant.

Art. 41. Les Propriétaires se soumettent à ne reconnaître, pour juges des contestations qui pourront survenir, que le Ministre, et, par appel, le Conseil d'État.

En vertu de l'article 42, les Entrepreneurs s'engagent, chaque fois qu'ils en recevront l'ordre du Ministre, d'établir la quantité de lits qui sera fixée dans places indiquées, après un avertissement de cinquante jours pour une quantité de mille lits, et proportionnellement pour une plus grande quantité, dont le loyer commencera le 1er du mois pendant lequel les effets auront été versés dans les casernes ou les magasins; et, aussitôt les ordres arrivés pour l'établissement des lits, il sera délivré aux Entrepreneurs un secours de 50 fr. par lit, soit en deniers, soit en remise d'effets; ainsi qu'il est stipulé dans l'art. 26, le montant dudit secours sera retenu aux Entrepreneurs sur les loyers, par trimestre, pendant le cours du présent Marché.

Le 28 février même année, les mêmes Propriétaires passèrent avec le Ministre de la guerre un second Marché, relatif à l'entretien et aux réparations annuelles des ustensiles de casernes. (*Voyez* Pièces justificatives, page 19).

En vertu de l'art. 2, les Entrepreneurs se chargent de faire l'établissement de tout les objets jugés nécessaires, et qui se trouvent détaillés dans l'art. 1.er, d'après un devis certifié par les Officiers du génie. Le Ministre fera sur-le-champ remettre aux Entrepreneurs la moitié des fonds qu'exigera cette dépense, l'autre moitié aussitôt que les ustensiles auront été établis.

Art. 4. Il sera payé aux Entrepreneurs, par an et par lit à eux commandé par le Ministre, et pour lesquels ils devront par conséquent entretenir les ustensiles nécessaires le prix ci-après :

Par lit entretenu.	1 fr. « c.
Pour prime d'occupation, dont les loyers des lits serviront de base, par trimestre.	« 50

Les paiemens s'effectueront de la même manière qu'il est convenu et stipulé dans leur Marché des lits militaires.

Tout ce qui dans le Marché des lits est relatif à la police et la conservation des effets, au paiement des objets manquans ou dégradés, devient commun au présent Marché d'entretien des effets et ustensiles ; et pour garantie de ces mêmes effets et ustensiles, les Entrepreneurs engagent leur propriété des lits militaires. En vertu de ce dernier Traité, la propriété des ustensiles reste au Gouvernement, et l'entretien aux Entrepreneurs, qui recevront les prix convenus dans le présent Marché.

Le 1.er avril même année, il y eut un article additionnel au Marché du 10 janvier, concernant les lits d'officiers (1).

Le 14 août 1811, tous ces Marchés partiels furent refondus dans un seul et unique cahier, sans en altérer les clauses et conditions principales respectivement contractées, excepté cependant que le secours de cinquante francs par lit, fixé par le premier Marché, s'y trouve réduit à quarante-huit francs. (*Voyez* Pièces justificatives, page 65)

2°. La retenue des 2 p.%. relativement à la caisse des Invalides. (*Voyez* Pièces justificatives, page 80).

Dans le principe, le Gouvernement n'avait l'intention d'établir dans la ville de Magdebourg que le nombre de 1200 lits complets et de 120 demi-fournitures, et, en conséquence de cette fixation, il en fit la demande aux Propriétaires pour en faire l'établissement, et ils s'y conformèrent; mais comme le nombre des troupes s'augmenta par la suite, qu'alors le surplus était logé chez l'habitant, la ville fit à cet égard des réclamations auprès du Ministre, pour faire augmenter le nombre des lits portés dans la première fixation, mais le Ministre ne jugea pas à propos d'y obtempérer. Cette dernière circonstance engagea la ville d'offrir au Ministre de faire établir des lits et ustensiles nécessaires pour une garnison de 6000 hommes, et cela, pour soulager les habitans des logemens de troupes, qui pesaient sur toutes les classes; et elle s'engagea, par l'organe de ses Magistrats, envers le Gouvernement westphalien, d'avancer aux Propriétaires les sommes suffisantes pour l'établissement des lits et ustensiles de casernement, sous la condition que toutes ses avances seraient remboursées en paiemens égaux, de trois mois en trois mois, jusqu'au 1.er avril 1817, époque où le Marché passé entre le Ministre de la guerre et les Propriétaires touchait à sa fin, au moyen d'une retenue à faire aux Propriétaires sur leur compte à chaque trimestre.

(1) Ce Marché ayant été littéralement copié dans celui du 14 août 1810, on a trouvé inutile de le porter aux Pièces justificatives. (*Voyez* page 44 et suiv.)

2

Le Ministre consentit d'accepter l'offre que lui fit la ville, qui voyait dans cette opération un avantage réel et incalculable pour les intérêts de ses habitans; elle était sûre de la rentrée exacte de ses avances, et au moyen d'un intérêt très-modique, elle se trouvait soulagée d'un grand fardeau.

Le 10 décembre 1808 (*Voyez* Pièces just., p. 24 et suiv.) il fut fait un traité entre M. le comte de Blumenthal, Maire de la ville de Magdebourg et les Propriétaires des lits. Ce marché fut sanctionné et approuvé par M. le comte de Schulenbourg, Préfet du département de l'Elbe. Cette convention porte en substance que la ville de Magdebourg s'étant engagée envers le Ministre de la guerre d'avancer, en argent comptant, aux Propriétaires tous les fonds qui leur seraient nécessaires à l'établissement des lits et autres ustensiles pour une garnison de 6000 hommes, sous la condition que le remboursement de ces mêmes avances en argent, faites par elle, lui seront remboursées par terme de trimestre en trimestre, jusqu'à la fin du bail conclu entre le Ministre et les Propriétaires, au moyen d'une retenue sur leur décompte trimestriel.

Mais, vu l'impossibilité de réaliser cette somme en argent comptant, les Propriétaires consentent de prendre, en lieu et place, des obligations payables de trois mois en trois mois, que le Maire souscrira au nom de la ville, et pour sûreté, les biens de la ville seront affectés comme hypothèque.

Cette convention, revêtue de tous les caractères sacrés du contrat, eut lieu pour l'établissement des lits et ustensiles nécessaires à coucher 6000 hommes, même quelques centaines de plus, déduction faite des lits déjà existans dans la même place.

Les obligations souscrites et délivrées par la ville, au lieu d'argent comptant, porteront chacune, à compter du jour de leur confection, un intérêt annuel de 6 p. °/₀, payable par trimestre, jusqu'à l'entière extinction, de la manière stipulée par les clauses du contrat.

L'article 3 porte, qu'outre les obligations principales portant intérêt de 6 p. °/., comme il est stipulé plus haut, il sera souscrit, au profit des Propriétaires, une seconde obligation de la même somme et payable à la même époque que les premières, mais sans intérêts, laquelle ne sera déposée qu'en qualité d'assurance et de garantie pour les parties contractantes., ce dépôt se fera entre les mains de M. le Maire de la ville de Cassel.

Art. 4. En vertu d'un arrangement particulier entre le Ministre de la guerre et la ville de Magdebourg, cette dernière aura, le 1.er janvier 1818, recouvré entièrement le montant de ses avances faites aux Propriétaires; ce remboursement s'effectuera en vertu d'un paiement égal de trimestre en trimestre, que les Propriétaires doivent faire à la ville de fonds provenant du Ministre, pour les loyers et prime d'occupation pendant le trimestre.

Cependant si les Propriétaires ne recevaient pas régulièrement du Ministre leur paiement du trimestre au jour fixé dans leur contrat avec ce dernier, alors la ville de Magdebourg s'engage d'entrer dans l'obligation du Ministre pour le terme de paiement non acquitté, et de satisfaire les Propriétaires en argent comptant; et si, après quatre-vingt-quinze jours, à dater de celui de l'échéance, la ville elle-même ne payait pas, les Propriétaires seront en droit de disposer comme de leur propriété intégrale, non seulement des obligations principales échues non acquittées et portant intérêts, mais encore de celles qui répondent à la même époque; lesquelles, ainsi qu'il est stipulé, seront déposées à la mairie de Cassel.

Art. 6. La prompte accélération de l'établissement des lits et ustensiles, étant d'une importance majeure pour la ville de Magdebourg, elle promet de son côté aux Propriétaires une prime de 500 thalers, si au bout de huit semaines, à dater du présent contrat, ils ont établi les 2,200 lits et les ustensiles nécessaires; et de leur côté, si les Entrepreneurs n'avaient pas établi les 2,200 lits à l'époque qui leur a été fixée, ils seront, à leur tour, condamnés à payer à la ville, toujours sur les obligations qu'ils auront reçues, la somme de douze mille fr.

Le 19 mars 1809 (*Voyez* Pièces just., page 36.) il fut ajouté à cette convention un article supplémentaire qui apporte un changement total aux clauses de remboursement des avances faites aux Propriétaires par la ville de Magdebourg; ce changement consiste en ce que le remboursement ne se fera plus en obligations et par les mains des Propriétaires; mais le Ministre de la guerre retiendra aux Propriétaires, sur le prix de loyer et prime d'occupation, la somme convenue dans le traité, laquelle sera assignée à la ville par le Ministre, de trimestre en trimestre, jusqu'à ce qu'elle ait recouvré le montant de ses avances; et c'est ainsi que la ville recevra directement du Ministre, par trimestre, le remboursement de ses avances, qui diminuera d'autant sur le prix des loyers dûs aux Propriétaires.

Tels sont les faits qui se sont passés entre les parties contractantes; tant ceux entre le Ministre et les Propriétaires, que ceux entre la ville et lesdits Propriétaires, exposés dans leur stricte vérité et appuyés d'ailleurs sur des pièces authentiques et irrécusables; tels sont les engagemens qu'ils ont pris l'un envers l'autre, et telles sont les lois qu'ils se sont imposées et qui sont la base des contrats. Tout a été religieusement observé jusqu'au troisième trimestre 1813: Les Propriétaires ont exactement mis en service les lits qu'on leur demandait, les ont entretenus; le Ministre leur a payé le prix convenu, à l'exception d'une somme de 37,406 fr. 30 cent., qu'il devait à cette époque pour solde jusqu'au troisième trimestre 1813, et la ville de Magdebourg a également reçu du Ministre les sommes qu'il avait retenues aux Propriétaires, pour remboursement des avances qu'elle leur avait faites; et quoique les Propriétaires aient eu de la peine, dans les derniers jours de l'existence du Gouvernement westphalien, à obtenir leur paiement, et qu'ils pouvaient, avec justice, attaquer la ville de Magdebourg et la faire contraindre d'effectuer le paiement en retard par le Ministre, en vertu de l'art. 4 du contrat avec ladite ville, ils n'ont cependant dirigé aucune action contre elle; mais bien au contraire, ils ont continué à faire le service dans la ville de Magdebourg, pendant le temps du blocus, jusqu'au 24 mai 1814, époque de sa reddition aux troupes de S. M. le roi de Prusse, sans obtenir aucun paiement, ni du Ministre, qui d'ailleurs n'existait plus, ni de la ville, qui ne payait même pas ce qui était à sa charge; c'est-à-dire, le surplus de 5,000 hommes de garnison, et qu'elle a payé jusqu'à la fin de 1812. Les Propriétaires ont fait ce sacrifice momentané pour donner une nouvelle preuve de leur désintéressement et de leur dévouement. Ils ont plus fait, ils ont envoyé à Magdebourg une personne munie de leur procuration, à l'effet de prendre des arrangemens à l'amiable avec la ville, et traiter de gré à gré avec elle, sur toutes leurs réclamations. Ils étaient en droit d'espérer de la ville des procédés qui répondraient à leur conduite et à leur désintéressement duquel ils ont donné des preuves non équivoques.

Mais la ville, sans avoir égard à toutes ces considérations, et méconnaissant tout-à-fait les engagemens sacrés qu'elle a contractés avec les Propriétaires, vient non seulement de les attaquer, mais encore d'exercer contre eux des voies de fait, et elle a frappé d'une saisie-arrêt tout les lits existant dans la place de Magdebourg, appartenant auxdits Propriétaires, c'est-à-dire, non seulement les 2,200 qu'ils avaient établis en vertu de leur contrat passé avec la ville, mais les 17 à 1800 lits environ que les Propriétaires avaient établis de leurs propres fonds à Magdebourg, et en partie envoyé de leurs magasins établis à Hannovre, et forme des demandes contre toute justice et équité

ACTIONS.

La ville de Magdebourg a, le 5 octobre 1814, présenté une requête au Président du tribunal de Magdebourg, à l'effet d'obtenir la permission de mettre saisie-arrêt, entre les mains du Directeur des lits militaires, sur les lits et ustensiles de caserne qui se trouvent dans ladite ville, appartenant aux Propriétaires, pour garantir la somme de 44,800 Th., qu'elle prétend que les Propriétaires lui doivent pour solde des avances par elle faites auxdits Propriétaires. (*Voyez* Pièces just., page 106).

Le 9 octobre suivant elle obtint ladite permission par elle demandée. (*Voyez* Pièces just., p. 108).

Cette saisie a eu lieu, d'après exploit du 20 octobre suivant, entre les mains des sieurs Levot, Directeur desdits lits, et Fournier, casernier, et, en même temps, citation fut donnée aux Propriétaires à comparoir dans les délais de quarante jours, à dater dudit jour 20 octobre. (*Voyez* Pièces just., p. 108).

Le 1.er août 1815 il fut donné aux Propriétaires une assignation à comparoir le 18 novembre suivant, devant le Conseiller de justice de la ville, M. Fahrenholtz. (*Voyez* Pièces just., p. 146).

Le 15 août, une autre assignation fut donnée aux Propriétaires, dans laquelle on répète celle précédemment donnée, à comparoir le 13 novembre suivant, pour se voir condamné au paiement de la somme de 44,800 Th., pour restant des avances faites par la ville aux Propriétaires, et elle y ajoute une autre demande, consistant en ce que les Propriétaires doivent leur payer la somme de 18,865 fr. 43 cent. ½ pour solde d'une somme de 34,998 fr. 63 cent. ½ que les Propriétaires ont reçu du Gouvernement westphalien, en effets et ustensiles existant dans la place de Magdebourg, au moment de la prise de possession de cette place par le Roi de Westphalie, lesquels effets appartenant à la ville elle-même, et les Propriétaires n'ayant payé audit Gouvernement, à-compte du montant de ladite reprise, qu'une somme de 16,133 fr. 20 cent., le reste doit donc être payé par les Propriétaires à ladite ville. (*Voy.* Pièces just., p. 124 et suiv.).

Le 24 août 1815 il fut signifié auxdits Propriétaires, de la part du tribunal de Magdebourg, un avertissement pour les prévenir qu'il avait nommé curataire le sieur *André*, Commissaire de justice, pour représenter les Propriétaires, mais qu'à présent que les relations sont rétablies, lesdits Propriétaires doivent nommer de suite leurs fondés de pouvoirs. (*Voyez* Pièces just., p. 150).

Ce même avertissement porte qu'une partie des effets laissés à Magdebourg a été exposée en vente, suivant ordonnance du tribunal de cette ville, en date dudit jour 24 août 1815, et c'est pour couvrir les frais restant dûs à la caisse de *salaires*.

MOYENS.

Avant d'entrer dans les défenses à opposer par les Propriétaires, sur les énormes réclamations que la ville de Magdebourg se permet de leur faire aujourd'hui, ils auront peut être pu, avec succès, décliner le tribunal de Magdebourg.

1.° En leur qualité de citoyens français, ils doivent être jugés par leurs juges compétens, formant le tribunal établi dans leur domicile respectif;

2.° La contestation élevée sur l'exécution d'un contrat purement administratif, qui a pris naissance sous l'autorité administrative, et par l'art. 41 du Marché du 10 décembre 1808, et répété à l'art. 5 du titre III du Marché du 14 août 1811, les parties contractantes ayant reconnu pour juges, en cas de contestation sur l'exécution du Marché, le Ministre de la guerre, et, par appel, le Conseil d'État, ne devait pas être jugée par des Tribunaux civils.

Mais loin de se servir de pareils moyens, pour éloigner le moment décisif de cette affaire, leur désir le plus ardent est au contraire de le voir arriver le plutôt possible.

Appuyés, d'un côté, sur la justice de leur cause, et de l'autre, sur l'intégrité et impartialité de MM les juges composant le Tribunal de Magdebourg, les Propriétaires se présentent avec confiance devant eux, persuadés d'avance que son arrêt ne peut être qu'en leur faveur, et que, des juges dénués de toute prévention et revêtus de tout le caractère sacré attaché à leur Ministère, se pénétreront de l'esprit et des intentions du contrat passé entre les parties, se reportant à l'époque où il a été conclu entre la ville de Magdebourg et les Propriétaires, et, examinant laquelle des deux parties a fait infraction aux clauses et conditions y stipulées, et sous ce rapport, les propriétaires sont surs qu'ils n'ont rien à craindre, mais au contraire tout à espérer.

Qu'il nous soit permis, avant d'entrer en matière de défense, d'exposer au Tribunal un tableau succint des avantages incalculables que la ville de Magdebourg a trouvé dans l'établissement des lits formé par les Propriétaires, et le désintéressement qu'ils ont mis de leur côté à venir au secours de la ville.

Les lit fixés par le Ministre de la guerre, pour la place de Magdebourg, étaient dans le principe de 1200 lits complets et de 120 demi-fournitures. Ce nombre qui aurait peut-être été suffisant dans un temps ordinaire, était devenu tout à fait insuffisant par la nombreuse garnison que la place de Magdebourg renfermait dans les circonstances, qui ont presque duré tout le temps que le Royaume de Westphalie a existé; aussi la plus grande partie de la garnison a-t-elle été logée chez les habitans, qui ont été accablés, non-seulement des dépenses énormes que cela leur a occasionné, mais encore des embarras continuels qui en sont les suites inévitables.

La ville a trouvé, en traitant avec les Propriétaires pour l'établissement des 2200 lits, un avantage peu commun, en se procurant cet établissement salutaire, sans faire aucuns déboursés en argent comptant à l'époque de cet établissement, et s'il ne lui eût été tout à-fait impossible, du moins il lui eût été très-difficile de pouvoir réaliser les 79800 Th., qu'exigait la confection des 2200 lits complets, dont elle s'était engagée envers le Ministre de la guerre de faire les avances aux Propriétaires. Elle proposa donc à ces derniers des obligations qu'ils acceptèrent, quoique cette bonne volonté de leur part leur ait été très-pernicieuse et très-onéreuse, puisque, outre la chance à courir et les pertes immenses qu'ils avaient à essuyer pour se procurer l'argent comptant nécessaire pour les dépenses desdits lits à établir, ils auraient pu se procurer tous les effets et matières premières à meilleur compte en achetant argent comptant.

L'avance faite par la ville aux Propriétaires consistait en obligations de 1000 — et 500 Th., lesquelles étaient payables par portion de 2500 Rr. de trois mois en trois mois, depuis le 2.e trimestre 1809, jusqu'au 1.er trimestre 1817 inclus.

Cette somme, payable suivant les clauses du contrat, devait l'être entièrement, par les Propriétaires à l'époque des échéances desdites obligations, au moyen des retenues que le Ministre de la guerre exercerait chaque trimestre, sur le prix des loyers des lits.

Au moyen de cet arrangement, si avantageux pour la ville, puisqu'elle avait l'assurance de voir progressivement anéantir l'effet de ses obligations, elle était couverte des paiemens à faire pour les éteindre, qui, une fois rentrés, diminuaient d'autant la masse de sa dette.

La ville ne payait donc réellement, de ses propres fonds, que les intérêts de ses obligations depuis le moment de leur création jusqu'à leur entière extinction.

Telle est l'unique, réelle et *onéreuse* dépense à laquelle la ville de Magdebourg s'était engagée en traitant avec les Propriétaires; et cela, pour se voir soulagée d'une charge d'autant plus accablante, qu'elle pesait sur l'universalité de ses habitans, et que la durée en a été, pour ainsi dire, incertaine et indéfinie.

Mais, ce qu'il n'est pas indifférent de remarquer, c'est que ces intérêts diminuaient progressivement à chaque paiement que le Ministre faisait aux Propriétaires, de trimestre en trimestre, jusqu'à parfaite extinction, de manière que le montant de ces intérêts est devenu par la suite presque insensible pour la ville même.

Par le tableau annexé au présent (*Voyez* Tableau, n.° 1); on a établi la somme totale des intérêts que la ville avait à payer progressivement, depuis l'émission des obligations ; c'est-à-dire, du 1.er trimestre 1809, jusqu'au 1.er trimestre 1817, époque à laquelle toutes les obligations émises devaient être entièrement acquittées, au moyen de la retenue faite aux Propriétaires. Cette somme ne se montait, d'après ledit tableau, qu'à 19,710 Th. ou 71,990 fr. 77 c.

Le bail des Propriétaires étant pour un laps de neuf ans, on doit nécessairement répartir ladite somme sur les années de sa durée; la ville ne payait donc par année que la somme de 7998 fr. 97 c., au moyen de quoi, et par suite de l'établissement des lits formé par les Propriétaires au nombre de 2200, elle avait logé 4400 soldats, couchant deux dans le même lit; le prix du logement d'un soldat ne lui revenait qu'à 1 fr. 81 c. par an, ce qui fait un demi-centime par jour.

A tous ces avantages bien réels, la ville de Magdebourg en ajoutait encore un autre qui ne pouvait lui être indifférent, c'est qu'au 1.er trimestre 1817, époque fixée pour l'entière extinction des obligations souscrites par elle, elle était assurée de l'établissement des lits, sans être obligée de faire la moindre dépense; les obligations étaient alors anéanties, et elle n'avait par conséquent plus d'intérêts à payer.

Il est vrai que la ville, comme par une espèce de compensation des avantages considérables qu'elle retirait du Marché, s'est imposé, par l'art. 4, la charge de remplir les obligations du Ministre, en payant elle-même aux Entrepreneurs les termes des loyers échus, dans les cas où le Ministre n'aurait pas effectué lui-même ce paiement.

Mais, examinons si dans ce cas même, si formellement prévu

par le Marché, les obligations que la ville aurait à remplir envers les Entrepreneurs lui seraient onéreuses, ou bien, au contraire, si elles ne lui seraient pas extrêmement favorables.

La ville devrait payer, pour loyer par lit, 3 fr. 3 c. $\frac{3}{4}$ par trimestre, faisant par an.	12 fr.	15 c.
Pour ustensiles 25 c. par trimestre, faisant par an.	1	«
Pour prime, par lit 2 fr. 80 c. par trimestre, faisant par an.	11	20
Pour *Idem.* pour ustensiles, 50 c. par trimestre, faisant par an. .	2	«
TOTAL.	26	35

Cette somme de 26 fr. 35 c. par lit, dans lequel couchent deux soldats, fait, par chaque soldat et par an, 13 fr. 17 c. $\frac{1}{2}$, ou 3 c. $\frac{3}{5}$ par nuit.

Voilà donc, dans toute sa simplicité, la charge à laquelle la ville de Magdebourg serait obligée de satisfaire, si l'exécution du Marché continuait à avoir lieu.

Le Marché est donc, sous tous les rapports, et même dans la supposition la moins favorable à la ville de Magdebourg, c'est-à-dire, dans celle où elle suppléerait aux obligations du Ministre, extrêmement avantageux à ladite ville; puisque dans la supposition où le Ministre aurait payé, le logement d'un soldat ne revenait qu'à un demi-centime par jour, tant qu'elle avait des intérêts à payer, c'est-à-dire jusqu'au 1.er trimestre 1817; et, dans la supposition où elle serait obligée de payer le loyer, comme suppléant le Ministre, ce logement ne reviendrait encore qu'à 3 c. $\frac{3}{5}$ par jour. C'est beaucoup moins que n'en coûterait le logement en nature chez l'habitant; car, par l'effet du Marché, chacun des habitans de la ville ne dépenserait pas plus pour un an, que lui en coûterait le logement en nature pour un seul jour, l'embarras même à part qui est toujours la suite inévitable de ces sortes de logemens, et qui n'est pas une des moindres considérations.

Réfutons actuellement les prétentions formées par la ville:

PREMIÈRE DEMANDE.

Aujourd'hui que les événemens politiques ont apporté de grands changemens dans sa situation, qu'un nouvel ordre de choses s'est établi, s'appuyant du degré de force dans lequel elle se trouve placée, elle exige des Propriétaires, que ceux-ci lui tiennent compte des sommes que le Gouvernement westphalien n'a pas remboursées aux époques convenues entre elle et lui, quoique ces sommes aient été retenues aux Propriétaires dans les comptes trimestriels avec le Gouvernement, c'est-à-dire, depuis le 1.er trimestre 1813, jusqu'au 3.e trimestre même année; et elle prétend en outre, que les Propriétaires lui fassent compte de 2500 Thalers, qui devaient leur être retenus chaque trimestre, jusqu'à parfait paiement des avances par eux reçues, qui, d'après le compte présenté par la ville, se montent encore à 44800 Thalers, se prétendant ainsi dégagée de toutes ses obligations soucrites envers les Propriétaires.

Par l'art. 4 de son contrat passé avec les Propriétaires, la ville de Magdebourg leur a garanti le paiement des loyers de leurs lits, si le Gouvernement ne payait pas régulièrement les trimestres convenus, et elle a consenti, que pour la sûreté des paiemens, il fût déposé, entre les mains du Maire de Cassel, des doubles obligations, payables aux mêmes époques des obligations principales, qui devaient être données aux Propriétaires, comme leur propriété intégrale, si la ville de son côté, ne les satisfaisait pas dans l'espace de quatre-vingt-quinze jours, après l'échéance de chaque trimestre.

Elle a donc consacré la garantie à laquelle elle s'était engagée par ledit contrat envers les Propriétaires, elle s'est donc authentiquement imposé l'obligation formelle de faire état aux Propriétaires de tous les retards qu'ils pourraient éprouver dans leurs paiemens, ou dans la non exécution des clauses stipulées dans les précédens Marchés que les Propriétaires ont passés avec le Gouvernement;

garantie qui s'étend bien dans le cas où les lits ne seraient pas occupés, et cela pour les paiemens du loyer seulement, suivant le prix fixé par le Marché passé avec le Ministre. Cette garantie était assurée aux Propriétaires, depuis l'année 1808 jusqu'à la fin de 1817, époque fixée pour la fin dudit marché.

En traitant avec la ville de Magdebourg, représentée par ses Magistrats, et autorisée par le Magistrat suprême, les Propriétaires ont dû considérer leur convention comme un Marché conclu de particulier à particulier; convention qui se trouvant revêtue de toutes les formalités reconnues par les lois anciennes et nouvelles, ne peut plus, d'après le commencement de l'exécution, être anéantie que du consentement unanime des parties intéressées.

En effet, comment pourrait-on prétendre, que le Marché passé entre les Propriétaires des lits militaires d'une part, et la ville de Magdebourg de l'autre, n'est pas un engagement entre particuliers, et que l'anéantissement du Gouvernement, sous l'empire duquel il a été formé, peut dissoudre? Le Marché du 10 décembre 1808 a été conclu avec la ville de Magdebourg. Les événemens qui ont amené la destruction du Royaume de Westphalie, n'ont pas anéanti cette ville. Elle conserve son existence toute entière, ses propriétés, son Administration; et de même qu'elle a, dans les circonstances actuelles le pouvoir de contracter des engagemens, de même, elle ne peut se soustraire aux obligations qu'elle s'est imposées lorsque les circonstances étaient différentes.

De tous les temps et dans tous les pays, le pouvoir municipal a été distinct du pouvoir politique; c'est-à-dire, du pouvoir du Gouvernement; et, quels que soient les changemens survenus dans le second de ces pouvoirs, le premier reste dans toute son intégrité. Il est, par conséquent, obligé de remplir les engagemens qu'il peut avoir contractés.

Il a toujours existé des autorités collectives, qui sont regardées comme des particuliers, relativement au droit qu'elles ont de traiter et de s'imposer des obligations. Ces traités, ces obligations sont régis par les mêmes lois qui régissent les transactions entre particuliers. Telles sont les Administrations provinciales, les Municipalités, les Administrations des hospices, et en général toutes les Administrations de main-morte.

L'exercice du pouvoir de ces Administrations est de la plus grande importance dans la société, puisqu'il embrasse une masse très-considérable d'intérêts. Or, où en serait la société, si dès le moment qu'une Province passe de la domination d'un Prince sous celle d'un autre, toutes ces Administrations se prétendaient dégagées, par le seul fait du changement de Gouvernement, de toutes les obligations qu'elles auraient contractées sous l'empire du Gouvernement précédent?

Dira-t-on, et certes ce serait là le seul cas où la ville de Magdebourg pourrait être autorisée à demander la résiliation de son Marché; dira-t-on, que ce Marché renferme lésion pour les intérêts de la ville? Mais ici les faits parlent d'eux-mêmes; et nous avons démontré plus haut, jusqu'à l'évidence, que, bien loin que ce Marché soit ou lésit ou même onéreux pour la ville de Magdebourg, il lui est au contraire extrêmement avantageux, sous quelque rapport qu'on veuille la considérer.

Mais, pour revenir au point de discussion qui nous occupe dans ce moment, le Gouvernement westphalien n'est intervenu dans le Marché que pour opérer, en faveur de la ville, une retenue trimestrielle sur le prix du loyer qui était dû aux propriétaires des lits militaires; tout le reste est entièrement une affaire entre la ville et ces Propriétaires. C'est pour l'intérêt et pour le soulagement de la ville que le Marché a été passé; c'est elle qui a demandé l'établissement de l'ordre de choses qui a été réglé par le Marché; c'est elle qui en a offert les conditions; c'est elle qui les a stipulées; c'est elle qui a fait les avances dans les formes convenues dans l'acte. C'est donc elle, et elle seule, qui est la partie contractante, et le Marché passé entre elle et les défendeurs est bien vraiment un Marché passé, une convention faite entre particuliers; et cette convention doit avoir la force, elle doit suivre les lois et le sort d'un Marché, d'une convention faite entre particuliers.

Ces principes sont de la dernière évidence, et n'ont besoin d'aucun appui extérieur; mais s'il en fallait, les défendeurs pourraient invoquer le témoignage de l'ancien Ministre de la guerre du Royaume de Westphalie, et ce témoignage est tout-à-fait péremptoire.

Que dit-il, ce Ministre, écrivant au Maire de la ville de Magdebourg, en date du 12 janvier, 1809 (*Voyez* Pièces justificatives, page 39,) relativement au traité qui forme le sujet de la contestation actuelle? Voici ses paroles textuelles : « Quant au traité que vous avez fait avec ces Entrepreneurs, je ne puis le considérer que comme un Marché de particulier à particulier, auquel je suis et je dois être, tout-à-fait étranger, mon intervention n'étant nécessaire, dans cette affaire, que pour assurer à la ville le remboursement de ses avances. »

Cette réponse importante pour l'intérêt de la cause, prouve évidemment,

1.° Que la ville de Magdebourg s'était directement adressée au Gouvernement westphalien pour être soulagée du fardeau des logemens militaires qui pesait sur ses habitans;

2.° Que le Ministre de la guerre exerçait, au profit de la ville de Magdebourg, une retenue sur le prix des loyers des lits, établis par les Propriétaires dans cette place;

3.° Qu'ils étaient les légitimes Propriétaires des lits qu'ils avaient établis, et de ceux qu'ils avaient, dans le principe, achetés du Gouvernement westphalien;

4.° Que le marché passé entre la ville et les *Propriétaires* ne peut être considéré que comme un marché de particulier *à parti-*

culier, qui lie les parties contractantes jusqu'à l'expiration du terme fixé par l'acte même;

5.° Que la ville de Magdebourg a profité de l'établissement de ces mêmes lits, puisque, s'ils n'eussent point existé, elle était dans l'obligation de loger à ses frais une nombreuse garnison qui, d'après le détail dont nous avons parlé ci-dessus, ne lui coutait, et cela sans aucun embarras, que 7,998 fr. 97 cent. par année, laquelle somme, répartie sur une population d'environ 30 à 40,000 individus dont se compose la ville de Magdebourg, était pour ainsi dire insensible pour chaque habitant en particulier.

Enfin, que les Propriétaires n'ont pas cessé d'être dans la possession où les a mis le contrat passé, le 10 décembre 1808, entre eux et la ville de Magdebourg, et que tout ce qui est survenu depuis, étant l'effet d'une force majeure, d'un cas fortuit, d'événement extraordinaire, les Propriétaires sont, à leur tour, dans le cas d'invoquer en leur faveur l'art. 24 du marché précité passé le 10 janvier 1808, et répété, art. 45 dans le marché du 14 août 1811, entre eux et le Ministre de la guerre; et ces articles sont aujourd'hui leur sauve-garde. La ville de Magdebourg le leur a garanti de la manière la plus formelle et la plus authentique, par l'art. 4 de son contrat du 10 décembre 1808. Cette dernière est donc dans l'obligation absolue de répondre en ce qui la concerne, non seulement de ses propres engagemens, mais encore de ceux contractés par le Gouvernement westphalien, pour l'acquittement du prix de loyers et autres prétentions provenant des lits militaires établis dans cette place.

Le seul changement donc qui puisse être introduit dans l'exécution du Marché, par suite de l'anéantissement du Gouvernement westphalien, c'est que la ville, en vertu de l'art. 4 du traité du 10 décembre 1808, est subrogée en place et lieu de ce Gouvernement, et que, au lieu que ce serait à lui, c'est-à-dire, à son Ministre de la guerre à payer le loyer des lits, et à faire la retenue sur ce prix, ce sera à la ville à payer ce loyer et à faire cette retenue. Les défendeurs sont prêts à exécuter les conditions du Marché; la ville ne peut se dispenser de les exécuter à son tour. Si elle persiste à s'y refuser, c'est à elle, et non aux défendeurs à subir toutes les conséquences que l'inexécution du contrat doit entraîner, puisque cette inexécution serait de son fait.

Après avoir démontré de la manière la plus péremptoire que le Marché passé entre la ville et les défendeurs, n'est et ne peut être qu'un contrat entre particuliers, dont l'exécution est indépendante des changemens de Gouvernement, voyons maintenant quelles sont les lois qui régissent les conventions entre particuliers, et la manière dont elles peuvent être dissoutes. Mais, peut-il y avoir le moindre doute à cet égard? Les conventions entre particuliers ne peuvent être dissoutes que du consentement unanime des parties intéressées.

« La convention, dit la loi romaine, est le consentement de » deux ou plusieurs personnes, pour former entre elles un enga- » gement, ou pour en dissoudre un précédent, ou pour y » changer. »

« C'est ainsi que dispose le Code civil français, art. 1101. »

Et en effet, toute convention devrait produire une obligation parfaite. Une action civile suppose donc et exige naturellement l'équité et la bonne foi; et, d'après tous les titres, tous les certificats produits par les Propriétaires, ils ont de leur côté rempli tous leurs engagemens: leur conduite est pure et intacte à cet égard. Ils ont donc une action civile à exercer contre la ville de Magdebourg, et, cette dernière ne peut en aucune manière lui opposer les événemens survenus depuis. Ces événemens ne peuvent apporter aucun changement dans les engagemens que la ville a contractés, lesquels, une fois consentis, ne peuvent être interrompus dans leur entière exécution.

L'art. 1134 du Code civil dispose :

« Les conventions légalement formées tiennent lieu des lois à ceux qui les ont faites. »

« Elles ne peuvent être révoquées que de leur consentement ou » par des causes que la loi autorise; elles doivent être exécutées » de bonne foi. »

Art. 1135. « Elles obligent non-seulement à ce qui est exprimé, » mais encore à toutes les suites que l'équité et l'usage ou les lois donnent à l'obligation d'après sa nature. »

En général les obligations de bonne foi, que les hommes contractent entre eux, doivent être permanentes, irrévocables, libres dans leurs principes. Elles deviennent nécessaires et sacrées dans leur exécution, quand les individus qui les ont contractées avaient, comme les ont les parties contractantes, toutes les qualités requises par les lois pour s'engager par de pareils contrats.

Si l'on consulte les principes de toutes législations, l'on n'y trouvera rien qui puisse favoriser la ville de Magdebourg dans la non-exécution de ses engagemens.

Il n'y a ni dol, ni fraude de la part des Propriétaires. Il leur était permis, en traitant avec la ville, de prendre toutes leurs sûretés, et c'est pour y parvenir que, non-seulement, outre les principales obligations portant intérêts et remises aux Propriétaires, ils ont exigé qu'un pareil nombre d'obligations serait déposé à à la Mairie de Cassel, pour servir de garantie en cas de non-paiement de la part du Gouvernement westphalien. La ville a consenti cette condition du contrat, et elle s'est même engagée de payer les Propriétaires, en cas de non paiement de la part du Gouvernement.

Mais les Propriétaires, au contraire, n'ont point garanti à la ville de Magdebourg le remboursement des avances à eux faites par elle.

En vertu du Traité additionnel, du 19 mars 1809, il était convenu que le Ministre ferait, sur chaque compte de trimestre des loyers dus aux Propriétaires, une retenue égale au montant de chaque obligation souscrite par la ville; et qu'au lieu d'être remboursée par les Propriétaires de ses avances jusqu'à l'entier paiement, tel qu'il est stipulé dans l'art. 4 du Marché du 10 décembre 1808, elle le serait directement par le Ministre. Cet arrangement fait la loi des parties, mais n'engage en rien les Propriétaires à l'égard de la ville de Magdebourg. Ils ne sont et ne peuvent être garans que de leurs propres faits, que de ce qui est authentique dans leur contrat, et des conséquences fondées sur la justice et l'équité.

Si quelqu'un peut avoir de justes motifs de plainte à former dans les différences résultant des conséquences malheureuses de cette affaire, ce sont bien les Propriétaires, qui, n'ayant pu prévoir les événemens, ont donné tête baissée dans une opération qui, dans le cours ordinaire des choses, leur présentait, sinon un gain considérable, du moins un placement assuré des fonds par eux avancés. Mais ils se sont bientôt aperçus combien ils avaient mal calculé, quand au lieu de recevoir de la ville de Magdebourg les 79,800 Th. en argent comptant, cette dernière n'a pu leur fournir que des obligations sur lesquelles, pour se procurer les fonds dont ils avaient besoin, ils ont perdu plus de 30 p% , en les négociant.

Par les raisons que nous avons assez détaillées, et qui sont appuyées sur les lois existantes, on ne peut révoquer en doute que la ville ne peut ni éluder, ni se dégager des obligations qu'elle s'est imposées envers les Propriétaires, et que les engagemens contractés entre eux doivent être considérés comme des traités passés de particulier à particulier, et que nulle puissance ne peut rompre le cours de leur exécution; que même le changement du Gouvernement, sous l'auspice duquel les contrats ont été dressés, ne peut en aucune manière influencer pour dégager une des parties contractantes des obligations qu'elle s'est imposées envers son cocontractant.

Et, en partant de ce principe incontestable, nous avons dressé un compte de ce que la ville doit aux Propriétaires, qui se trouve annexé au présent Mémoire, par lequel il appert que loin qu'ils aient à payer à la ville de Magdebourg la somme qu'elle prétend, bien au contraire, elle est redevable envers eux de la somme de 98,004 fr. 53 cent. (*Voyez* Tableau n.° 2).

Mais, admettant à présent, contre toute attente, le cas où la ville, soit par voie de justice, ou par autre manière, parviendrait à faire résilier son contrat avec les Propriétaires, et par conséquent ceux-ci auraient à établir un compte définitif pour solder les avances qu'ils ont reçues de la ville pour l'établissement des lits, la ville ne peut jamais se défendre de payer aux Propriétaires les sommes qu'ils avaient droit de recevoir du Gouvernement westphalien jusqu'à l'époque où la résiliation sera prononcée; surtout elle ne pourrait, dans aucun cas, réclamer des Propriétaires le paiement des sommes qu'elle devait toucher directement du Gouvernement westphalien, pour les retenues que celui-ci devait exercer sur les comptes du trimestre de ces mêmes Propriétaires.

Par convention supplémentaire, du 19 mars 1808, la ville a consenti, et en a imposé l'obligation aux Propriétaires, de laisser entre les mains du Ministre, les sommes dont ce dernier exercerait la retenue sur le prix des loyers à eux dûs.

Les Propriétaires, en se laissant exercer la retenue ci-précitée, ont rempli leurs obligations envers la ville, et se trouvent libérés envers elle, du moment qu'ils ont porté au débit de leurs décomptes fournis au Ministre à la fin de chaque trimestre les sommes à remettre à la ville.

Dans sa signification du 12 août 1815, (*Voy.* Pièces just., p. 130), la ville avoue elle-même avoir reçu du Ministre des mandats sur M. Plock, pour le montant de ces rentenues; mais elle dit que ce dernier ne les a pas acquittés; et en conséquence, elle veut exercer son recours contre les Propriétaires qui ont subi ces mêmes retenues, dont le Ministre lui tient compte par des mandats sur

M. Plock; lesquels mandats fournissent une preuve irrécusable, qu'ils ont rempli les conditions qui leur sont imposées par l'arrangement du 19 mars 1809, et payé ce qu'ils devaient à la ville, entre les mains de son mandataire, du Ministre lui-même. Ils sont donc dès lors entièrement libérés envers elle; et si elle a un recours à exercer, ce ne peut être que contre son fondé de pouvoirs, et aucunement contre les Propriétaires qu'elle ne saurait contraindre, par aucuns moyens, de payer deux fois la même somme.

Le Ministre, ayant presque soldé les Propriétaires jusqu'à la fin du troisième trimestre 1813, en exerçant la retenue pour la ville de Magdebourg, pendant le cours de ces trois trimestres, le montant doit en être porté au crédit des Propriétaires, et depuis cette époque jusqu'au jour où, contre toute attente, la résiliation du Marché serait ordonnée, la ville doit encore payer toutes les sommes que les Propriétaires auront droit de toucher du Ministre, sauf à se retenir par elle-même les sommes que le Ministre aurait retenues pour le compte de la ville s'il eut fait les paiemens aux Propriétaires.

Ces sommes doivent être augmentées pour indemnité de suppression, en cas que la résiliation fût, contre toute supposition, prononcée, ainsi qu'il est stipulé article 32, dans le Marché du 10 janvier 1808, et répété dans celui du 14 août 1811, article 45, tit. 1er., section 6; et c'est dans cette seconde hypothèse que nous avons dressé un compte définitif, duquel il appert que la ville est débitrice envers les Propriétaires, d'une somme de 80,683 fr. 42 cent., les avances qu'elle avait faites lors de l'établissement des lits se trouvant soldées. (*Voyez* Tableau n.° 3.)

Il est à remarquer que, malgré que l'article du Marché passé entre le Gouvernement et les Propriétaires qui, en cas de suppression, leur accorde une année de loyer à titre d'indemnité, paraisse avantageux à ces derniers, ils n'ont cependant consenti à cette faible indemnité que parce qu'ils avaient la faculté d'employer, pendant le cours de leur Marché, les mêmes lits pour toutes les autres places du Royaume; et s'ils avaient pu prévoir les événemens survenus depuis, ils auraient sans doute exigé une plus forte indemnité, puisque les lits, aujourd'hui à leur charge, ne leur produiront jamais, quelque prix qu'ils en retirent par la suite, tout ce qu'ils leur ont couté pour les établir.

Si donc la ville a des réclamations à faire, ce n'est jamais contre les Propriétaires qu'elle a le droit de les exercer, mais bien vers le Gouvernement westphalien, pour exiger le paiement de ses avances, puisqu'elle a préféré de recevoir directement des mains de ce dernier le montant qu'elle aurait dû recevoir de celles des Propriétaires; et en préférant de prendre cette voie, elle a, par cela seul, dégagé les Propriétaires de toutes obligations à cet égard, et ces derniers ont, de leur côté, rempli toutes celles auxquelles ils étaient astreints, en laissant chaque trimestre la retenue pour le compte de la ville entre les mains du Ministre.

D'un autre côté, il devait être indifférent aux Propriétaires qu'on leur retînt, sur le prix de leur loyer, ou que le recevant dans toute son intégrité, ils remissent directement à la ville le montant des obligations à eux souscrites par cette dernière.

Mais, cette clause additionnelle annexée au contrat est d'autant plus favorable aux Propriétaires qu'elle rend dérisoire la garantie que la ville prétend aujourd'hui faire peser sur eux pour des sommes qui leur ont été retenues par le Ministre, et qu'elle dit n'avoir pas touchées de ce dernier.

Cette convention, ratifiée par le Ministre et le Préfet de l'Elbe, porte tous les caractères d'un contrat où tout est prévu pour la garantie des parties contractantes. Les effets de casernement sont la garantie fournie par les Propriétaires, et les différens certificats, à eux délivrés par les autorités compétentes, (*Voyez* Pièces justificatives, pages 121 et 122), prouvent jusqu'à l'évidence qu'ils ont religieusement rempli leurs engagemens contractés tant envers le Ministre qu'envers la ville de Magdebourg. Mais aussi est-il évident que la ville elle-même s'est engagée, en ce qui la concerne, de payer les Propriétaires, dans le cas où le Gouvernement westphalien ne le ferait pas. La ville s'est donc rendue solidaire du Gouvernement pour tous les objets stipulés dans son contrat avec le Ministre; et les Propriétaires ne sont point et ne peuvent être garans des obligations réciproques entre le Gouvernement et la ville de Magdebourg.

Non contente de l'immense avantage qui est résulté de l'établissement des lits, pour ses administrés, la ville de Magdebourg, profitant des événemens qui semblent la placer hors de l'atteinte des Propriétaires, et n'ayant nul égard aux engagemens qu'elle a contractés, veut aujourd'hui tirer un nouvel avantage du changement de son Gouvernement, pour obliger les Propriétaires, dont elle ne peut méconnaître les droits, à lui tenir compte d'une partie de ses avances, comme si les Propriétaires, dans les conventions qu'ils ont faites avec la ville, s'étaient engagés, en quelque manière que ce soit, à rembourser de leurs propres fonds les avances qu'ils ont reçues d'elle, dans le principe pour l'établissement des lits.

La ville prétend donc, d'un côté, se dégager des obligations sacrées et solennelles qu'elle s'est imposées envers les Propriétaires, par son Marché du 10 décembre 1808, et par l'acte additionnel du 19 mars 1809; et, d'un autre côté, elle veut en imposer de nouvelles auxdits Propriétaires, auxquelles ils ne se sont jamais obligés.

Lisons avec une scrupuleuse attention tous les Marchés que les Propriétaires ont signé, tant ceux passés avec le Ministre, que celui passé avec la ville; on n'y trouve pas que les Propriétaires se soient engagés à faire, de leurs propres fonds, le remboursement des avances, soit de celles qu'ils ont reçues du Ministre ou celles provenant de la ville; mais on y trouve seulement qu'ils ont consenti de faire ce remboursement au moyen de la retenue, qui sera exercée sur le prix des loyers et primes d'occupation, qu'ils devaient recevoir, de trimestre en trimestre, jusqu'à l'époque de l'entière expiration de leurs différens Marchés.

Il est démontré, par les comptes dont nous avons parlé plus haut, que le Ministre, ainsi que la ville, pouvaient être assûrés de ces paiemens; et quand même aucun des lits n'aurait été occupé pendant le cours du trimestre, chose tout-à-fait impossible, le prix des loyers, fixé dans leur Traité, était dû aux Propriétaires, mais sans prime d'occupation, et le montant de ce qu'ils devaient recevoir, dans ce cas même, aurait toujours surpassé celui de la retenue de la somme de 4,483 fr. 63 cent., qui devait être exercée sur eux, seulement pour la place de Magdebourg; et on peut en inférer, que les sommes qu'ils avaient également à toucher du Ministre, pour les loyers des autres lits établis dans les différentes places du royaume, étaient encore plus fortes, parce que la retenue, que le Ministre exerçait, ne pouvait pas être si forte que celle que la ville devait exercer, le secours du Ministre n'étant que 50 fr. par lit, au lieu que celui qu'ils ont reçu de la ville, était de 120 fr.

Le Ministre et la ville avaient donc consenti, chacun en ce qui le concerne, de n'avoir aucune autre action à exercer contre les Propriétaires, pour le remboursement des avances qu'ils ont reçues, que celle de retenir, par trimestre et par des paiemens égaux, une partie desdites avances; et la ville, qui, par l'engagement qu'elle a pris, dans l'art. 4 et répété dans l'art. 5 de son Marché, de garantir aux Propriétaires, les paiemens qu'ils devaient recevoir du Ministre, en cas que ce dernier ne payât pas exactement, peut encore exercer aujourd'hui lesdites retenues sur les paiemens qu'elle doit faire, mais elle ne peut jamais prétendre que les Propriétaires en fassent le remboursement de leurs propres fonds, obligation à laquelle ils ne se sont jamais engagés.

Il est à remarquer, qu'outre les 2,200 lits fixés dans le contrat passé entre la ville de Magdebourg et les Propriétaires, ces derniers, en vertu de leur Marché conclu avec le Ministre de la guerre, en janvier 1808, en avaient déjà établi 1,200; ce qui porte le nombre total des lits existant dans place de Magdeboug, à 3,400.

Ainsi, nous devons considérer les 3,400 lits, sous un double rapport; celui entre les Propriétaires et le Ministre de la guerre, pour les 1,200 lits et ustensiles établis dès le principe, et les 2,200, en vertu de l'arrangement fait depuis entre la ville de Magdebourg et les Propriétaires respectifs.

Ces derniers ont rempli tous leurs engagemens, tant envers la ville qu'envers le Gouvernement; les deux autres parties contractantes, c'est-à-dire, la ville de Magdebourg et le Gouvernement, n'ont eu aucun motif de plaintes ni d'infraction à former contre les Propriétaires. Ces derniers ont consommé leur obligation; ce n'était que dans l'entière exécution des divers contrats qui devaient expirer à la fin de 1817, qu'ils pouvaient espérer de se couvrir des capitaux par eux avancés; il sera facile de se pénétrer de cette vérité, puisque l'établissement d'un lit complet leur a coûté 120 fr., et que le Gouvernement ne leur a accordé, en forme de secours, que la somme de 50 fr., lesquels furent par la suite, réduits à 48; leur mise dehors a donc dû être de 70 à 72 francs, somme énorme, eu égard à la grande quantité de lits et demi-fournitures par eux établis; somme qui augmentait encore chaque trimestre, par la retenue que le Ministre exerçait sur les sommes à eux dues pour le paiement desdites avances.

La ville doit tenir compte aux Propriétaires de toutes les sommes que ces derniers sont en droit de demander au Gouvernement, c'est-à-dire, des paiemens relatifs aux lits établis dans la place de Magdebourg.

A moins de se refuser à l'évidence, on ne peut du moins se soustraire à cet acte de justice pour le temps d'existence du Gouvernement westphalien, non plus qu'au paiement des loyers des lits supprimés, pour une année, ainsi qu'il est stipulé par l'art. 45 du Marché entre le Ministre et les Propriétaires.

La ville prétend-t-elle tirer avantage du traité passé le 14 août 1811, entre le Ministre et les Propriétaires, duquel elle n'avait

5

peut-être pas eu connaissance, et qui a dérogé au précédent Marché?

Le Marché du 14 août n'est pas à considérer comme un nouveau contrat passé entre le Ministre et les Propriétaires, mais comme une refonte des Marchés particuliers des 10 janvier, 28 février et 19 mars 1808, dans un seul et unique cahier. Les propres expressions de la lettre du Ministre, du 20 décembre 1810 (*Voyez* Pièces just., p. 41), prouvent que ces Marchés n'ont été que *refaits*; ainsi ce dernier Marché n'apportant aucun changement à tous les Marchés partiels précités, ne peut par conséquent faire ici le moindre sujet de difficulté ou contestation. L'art. 8, tit. 3 du dernier Marché s'explique assez clairement, et la ville l'a si bien senti, que depuis l'existence de ce dernier Marché, elle n'a porté aucune plainte ni fait aucune réclamation directe ou indirecte à cet égard.

D'après les faits ci-dessus énoncés, il ne peut plus y avoir aucun doute que la ville de Magdebourg soit condamnée à remplir les obligations qu'elle s'est imposées par l'art. 4 de son Marché et l'art. additionel du 19 mars 1809. Elle doit par conséquent être déboutée de sa première demande et condamnée à la continuation du Marché jusqu'à la fin de 1817, et au paiement de la somme de 98,004 fr. 53 cent. qui reviennent aux Propriétaires jusqu'à la fin de 1815 pour solde, suivant le compte détaillé et annexé aux présentes.

2.e Demande.

Examinons à présent la seconde demande que forme la ville de Magdebourg contre les Propriétaires; quoiqu'elle soit d'un genre nouveau, elle n'est pas moins erronée. Elle prétend que les Propriétaires lui fassent la remise, ou lui tiennent compte de 18865 fr. 43 c. $\frac{1}{7}$, provenant de ce qu'ils avaient encore à payer au Gouvernement westphalien, pour completter le solde de 34998 fr. 63 c. $\frac{1}{7}$, qui forme le montant de l'estimation des lits et autres effets trouvés dans la ville de Magdebourg, au moment de la prise de possession de cette place par ledit Gouvernement, et que ce dernier a remis aux Propriétaires, en vertu de leur Marché du 10 janvier 1808. Elle forme cette demande sous prétexte que ces effets étaient la propriété de la ville elle-même.

Mais il en est à l'égard de cette demande comme de tous les objets qui furent cédés aux Propriétaires par le Gouvernement, en vertu de leur Marché du 10 janvier 1808; il leur en était fait la retenue sur les comptes du trimestre des loyers de leurs lits, et les Propriétaires sont totalement étrangers à ce qui s'est passé entre le Gouvernement et la ville de Magdebourg à cet égard. La ville se trouve, pour cet objet, fondée à diriger une action contre le Gouvernement, mais jamais contre les Propriétaires. Tel est même l'expression littérale de la lettre que M. Kleuwitz, Commissaire des guerres a écrite, le 12 novembre 1808, à M. le Comte de Blumenthal, alors Maire de la ville de Magdebourg, savoir; que ces effets ont été donnés par le Gouvernement aux Propriétaires, en paiement, au lieu d'argent comptant, et que, si la ville veut faire des réclamations à ce sujet, que c'est auprès du Gouvernement qu'elle doit les faire, et non auprès des Propriétaires. (*Voyez* Pièces justificatives, page 141.) S'il paraît vrai que ces derniers soient encore débiteurs envers le Gouvernement pour l'acquittement de ladite somme réclamée par la ville, d'un autre côté, ils sont créanciers du Gouvernement pour des sommes bien plus fortes que celles qu'elle réclame à cet égard pour entrer en compensation, et, sous ce rapport, les Propriétaires ne peuvent pas être regardés comme les débiteurs de la ville, puisque, en vertu du procès-verbal d'estimation et de reprise, en date du 1.er mai 1808 ; *Voyez* Pièces justificatives, page 143), ils se sont constitués les débiteurs du Gouvernement; cela est si vrai, que les Propriétaires s'en réfèrent à la lettre du Ministre de la guerre à M. le Préfet, en date du 12 août, relative à la demande que la ville a faite pour obtenir le paiement de 25126 fr. 60 c., à compte sur les 34998 fr. 62 c., montant total du prix de l'estimation. (*Voyez* Pièces justificatives, page 142).

Nous croyons qu'il n'est pas indifférent de faire la remarque suivante :

Nous avons Exposé ci-dessus les avantages énormes que la ville de Magdebourg tirait de l'établissement des lits, que les Propriétaires ont mis en service pour leur compte.

Examinons maintenant et sans partialité, les pertes immenses que la ville de Magdebourg veut faire éprouver aux Propriétaires :

Les Propriétaires ont d'autant plus de droit d'en être surpris, qu'ils sont persuadés que la ville elle-même n'ignore point qu'ils ont religieusement rempli toutes les obligations qu'ils s'étaient imposées, tant envers elle qu'envers le Gouvernement; qu'à cet égard ; ils ne redoutent point l'examen le plus rigoureux, bien plus, ils sont encore prêts de les remplir avec autant de fidélité de zèle et de dévouement qu'ils l'ont fait jusqu'à présent, et cela jusqu'à la fin de leur bail.

La ville prétend avec une grande injustice, que les Propriétaires lui tiennent compte de 44800 Th. solde, d'avance par elle faite pour l'établissement des lits militaires, montant dans le principe de leur contrat à 79800 Th., 35000 ayant déjà été remboursés à la ville par le Ministre de la guerre, conformément à l'arrangement, en date du 19 mars, entre la ville et les Propriétaires; et, à cette condition, elle veut laisser aux Propriétaires lesdits lits pour leur propre compte, comme s'ils n'en étaient pas déjà, par les clauses de leur contrat, les Propriétaires incommutables, même après l'expiration du bail.

Elle n'a aucun égard à la perte qu'ils ne manqueraient pas d'éprouver, soit par la nature des objets eux-mêmes, soit par le concours des circonstances, qui sont loin d'être les mêmes qu'à l'époque de leur établissement.

Si ces lits et autres effets ne pouvaient plus servir suivant leur première destination, quel parti pourraient en tirer aujourd'hui les

Propriétaires? Aucun! Vouloir l'exécution d'un acte aussi inique, c'est vouloir la ruine totale des Propriétaires, tandis que la ville elle-même, pourrait profiter d'une occasion d'autant plus avantageuse, qu'elle serait toujours à même de pouvoir loger une nombreuse garnison, au moyen de ces lits, sans être obligée de surcharger ses administrés.

Mais, voici les conditions auxquelles la ville de Magdebourg a offert au fondé de pouvoirs des Propriétaires de garder pour son propre compte les lits leur appartenant; par là on pourrait juger de son *désintéressement* et de la *grande faveur* qu'elle prétend faire aux Propriétaires :

Elle offre de prendre 3500 lits, et de ceux existans dans ses murs; savoir : 2200 établis avec les fonds provenant de ses avances faites aux Propriétaires, et 1300 dans ceux que ces derniers avaient fait établir pour leur compte et de leurs propres fonds, avant l'existence et pendant la durée du contrat avec la ville.

Savoir : 1500 à raison de 10 Th.

Et 2000 à raison de 5 Th. par lit; ce qui donne pour prix moyen, l'un dans l'autre, 7 Th. ½, à peu près.

Comme nous l'avons prouvé ci-dessus, et comme il se trouve fixé dans le tarif annexé au Marché du 12 août 1811, les lits complets reviennent à 120 fr. chacun aux Propriétaires, lors de leur établissement. Ces 120 fr. représentent environ 33 Th.; ainsi, les Propriétaires feraient une perte réelle de 25 Th. ½ par lit, ce qui forme, sur la totalité de 3500 lits, la somme de quatre vingt-neuf mille deux cent cinquante Thalers, ci. . . . . . . 89250 Th.

La ville de Magdebourg s'obstine encore à ne pas vouloir tenir compte aux Propriétaires de ce qu'ils ont logé de militaires passé le nombre de 5000 hommes de garnison; cependant cet excédent aurait, comme il est prouvé plus haut, été à sa charge, et cela est si vrai, que la ville elle-même a reconnu la justice de cette créance, et qu'elle a payé régulièrement les décomptes des précédens trimestres, et a déjà fait un paiement d'à-compte de 791 fr. 90 c., sur les six trimestres en réclamation ; lequel excédent se monte, pour les six derniers trimestres, savoir : les quatre de 1813 et les deux premiers de 1814, suivant le compte remis à la ville, pour reste, à la somme de 22737 fr. 41 c., ou. . . . . 6225 »

TOTAL. . . . . 95475 Th.

ou 348722 fr. 43 c.

Telles sont les récompenses que la ville de Magdebourg offre aux Propriétaires pour les services éminens qu'ils lui ont rendu. Tels sont les dédomagemens qu'elle leur promet s'ils consentent à la résiliation de leur bail, résiliation que la ville se prétend, contre toute justice, en droit d'exiger et obtenir; mais nous ne craignons pas hasarder de dire qu'elle s'abuse d'une manière étrange, dans ses injustes prétentions.

Toutes ces vérités, démontrées jusqu'à l'évidence prouvent que, si quelqu'un s'est trouvé lézé dans ses intérêts, trompé dans ses espérances, bouleversé dans sa fortune, ce sont uniquement les Propriétaires, dont les effets établis par eux sont depuis si long-temps abandonnés, pour ainsi dire.

Toutes ces pertes journalières, occasionnées de mille manières prévues et imprévues, portent aux Propriétaires un préjudice réel, une perte incalculable; et, sans égard pour leur position malheureuse, pour leurs procédés envers la ville de Magdebourg, dont les Magistrats n'ont pu s'empêcher de leur donner les témoignages les plus authentiques et les plus solemnels, (*Voyez* Pièces just. p. 121 et 122), cette dernière ose encore aujourd'hui exercer à leur égard des procédés contraires, non-seulement à l'usage généralement reçu, mais à la justice et à l'équité.

Une pareille conduite, de la part de la ville de Magdebourg, si évidemment en contradiction avec ses propres engagemens, met les Propriétaires dans la dure nécessité de soutenir leurs droits avec toute la rigueur et toute la fermeté permises à des hommes dont les intérêts sont si injustement froissés, et qui ont pour eux leur conduite irréprochable et la religieuse exécution des contrats les plus formels et les plus sacrés.

Les Propriétaires, dans l'espoir de n'être pas forcés de venir aux dernières extrémités pour obtenir la justice qui leur est due, ne peuvent assez répéter et mettre devant les yeux du tribunal, que les conventions respectives existent, qu'elles sont la loi des contractans, et qu'elles lient la ville de Magdebourg comme tout autre particulier.

La nature de cette convention, la qualité des contractans qui l'ont signée, les circonstances qui l'ont accompagnée, l'exécution qu'elle a reçue, démontrent suffisamment qu'il est impossible de rencontrer un engagement plus solide, plus respectable et plus sacré.

C'est donc à tort que la ville de Magdebourg cherche aujourd'hui, sous le spécieux prétexte de changement de Gouvernement, à s'affranchir des obligations qu'elle s'est volontairement imposées.

Si elle a des réclamations à former, des prétentions à élever, elle a tous les moyens, elle a une action à diriger contre son Gouvernement; qui seul a profité des événemens. Si le Gouvernement westphalien n'existe plus, un autre non moins juste et non moins équitable lui a succédé.

Au reste, les Propriétaires, pénétrés de la justice de leur cause, se reposent avec confiance et tranquillité sur l'issue du jugement à intervenir.

La justice allemande a été renommée de tous les temps. Si, par l'effet des événemens politiques, la ville de Magdebourg se trouve dans une position plus avantageuse que les défendeurs, cette circonstance n'infirme pas leurs droits; elle rend au contraire leur situation plus digne d'intérêt; et ils sont bien convaincus que ce sera là un motif de plus pour que le tribunal, devant lequel ils se présentent avec la confiance la plus absolue, examine avec plus d'attention les fondemens de leur défense, et leur rende toute la justice qui leur est due.

RÉSUMÉ.

Ce considéré, il plaise au tribunal, sans avoir égard aux injustes prétentions formées par la ville de Magdebourg, ordonner immédiatement la main-levée du séquestre et de la saisie-arrêt, dont cette dernière a fait frapper la propriété des sieurs Emanuel-Mayer Dalmbert et Binjamin, et, prononçant sur le fonds, condamner la ville de Magdebourg :

1.° A la continuation du Marché passé entre elle et les Propriétaires, le 10 décembre 1808, jusqu'à la fin de 1817, époque fixée pour son expiration suivant les clauses et conditions y stipulées;

2.° Au paiement de la somme de 98,004 fr. 58 cent. que la ville de Magdebourg doit aux Propriétaires, en vertu du susdit Marché, pour prix des loyers jusqu'à la fin de 1815; le tout suivant décompte détaillé dans le présent Mémoire;

3.° A payer en outre aux Propriétaires, chaque trimestre, et ce jusqu'à la fin de 1817, pour le montant des loyers de 3,400 lits formant la fixation de cette place, et ce d'après le compte annexé au présent Mémoire, la somme de 12,748 fr. 65 cent., en cas que les lits ne fussent point occupés pendant le cours du trimestre, et dans le cas contraire, d'augmenter ladite somme en raison des lits qui auraient été occupés suivant le prix fixé par les Marchés passés avec le Ministre, pour prime d'occupation, sauf à la ville à exercer elle-même, sur le montant desdites sommes, celle de 8,265 fr. 2 c. par trimestre, pour remboursement des avances qu'elle a faites aux Propriétaires;

4.° Au paiement de tous les dommages et intérêts résultant de ladite saisie exercée au nom de la ville de Magdebourg, et de toutes autres voies illégales de sa part contre lesdits Propriétaires.

TABLEAU N.° 1.er

ÉTAT des Intérêts que la ville de Magdebourg avait à payer sur les obligations remises aux Propriétaires des Lits militaires, à titre d'avance, depuis le jour de leur émission jusqu'à leur entière extinction.

SOMMES AVANCÉES.	PAIEMENS A COMPTE. DATES.		MONTANT.	RESTE A PAYER.	MONTANT DES INTÉRÊTS.	
79,800 R.r			R.r	R.r	R.r	g.
	1809.	2.e trimestre.	2,500	77,300	1197	»
		3.e	2,500	74,800	1159	12
		4.e	2,500	72,300	1122	»
	1810.	1.er trimestre.	2,500	69,800	1085	12
		2.e	2,500	67,300	1048	»
		3.e	2,500	64,800	1010	12
		4.e	2,500	62,300	973	»
	1811.	1.er trimestre.	2,500	59,800	935	12
		2.e	2,500	57,300	898	»
		3.e	2,500	54,800	859	12
		4.e	2,500	52,300	822	»
	1812.	1.er trimestre.	2,500	49,800	784	12
		2.e	2,500	47,300	747	»
		3.e	2,500	44,800	709	12
		4.e	2,500	42,300	672	»
	1813.	1.er trimestre.	2,500	39,800	634	12
		2.e	2,500	37,300	597	»
		3.e	2,500	34,800	559	12
		4.e	2,500	32,300	522	»
	1814.	1.er trimestre.	2,500	29,800	484	12
		2.e	2,500	27,300	447	»
		3.e	2,500	24,800	409	12
		4.e	2,500	22,300	372	»
	1815.	1.er trimestre.	2,500	19,800	334	12
		2.e	2,500	17,300	297	»
		3.e	2,500	14,800	259	12
		4.e	2,500	12,300	222	»
	1816.	1.er trimestre.	2,500	9,800	184	12
		2.e	2,500	7,300	147	»
		3.e	2,500	4,880	109	12
		4.e	2,500	2,300	72	»
	1817.	1.er trimestre.	2,300	»	34	12
			79,800		19,710	»

TABLEAU N.° 2.

PREMIER COMPTE.

LA VILLE doit, pour entretien et primes d'occupation pendant le 4.e trimeste 1813, 1.er et 2.e 1814, c'est-à-dire depuis que le Ministre de la guerre a cessé ses paiemens, jusqu'à l'époque de la reddition de la place aux troupes de S. M. le Roi de Prusse, pendant lequel temps le service n'a pas moins été fait par les soins et les dépenses payées par les propriétaires;

SAVOIR :

		fr. c.	fr. c.
LOYERS.	Pour 3400 lits, à 3 fr. 3 c. $\frac{3}{4}$.	10,327 50	12,748 65
	Pour 370 demi-fournitures, à 2 fr. 2 c. $\frac{1}{2}$. . .	749 25	
	Pour ustensiles sur 3770 lits, les demi-fourn.res comptant pour lits complets, à 25 c. par lit.	942 50	
	Pour les Magasins, pour 3400 lits. Pour 370 demi-fournitures à 3 p2., 247 lits. — 3647, à 20 c. . . .	729 40	
PRIMES d'occupation.	Pour 2500 lits (le reste est un sujet de compte à part, à la charge de la ville), à 2 fr. 80 c. par lit.	7000 »	8,250 »
	Pour ustensiles, pour la même quantité de 2500 lits, à 50 c.	1250 «	
	TOTAL à payer par trimestre.		20,998 65

A DÉDUIRE.

Pour la retenue qu'elle doit exercer, pour le remboursement de ses avances, formant par Trimestre. 8,265 02

RESTE à payer par la ville, par trimestre. . . . 12,733 63

12,733 fr. 63 c. par trimestre, faisant pour les trois trimestres sus-mentionnés ci à REPORTÉ. 38,200 89

	fr. c.	fr. c.
Report...........		38,200 89
Idem. Pour les trimestres suivans, savoir : les deux derniers de 1814 et les quatre de 1815, où les lits n'étaient point occupés, elle ne doit payer que les loyers montant, d'après les comptes ci-dessus détaillés par trimestre, à. .	12,748 65.	
Sur quoi elle doit également faire la retenue de. . .	8,265 02	
Reste à payer par trismestre.	4483 63	
Faisant, pour les six trimestres sus-mentionnés.		26,901 78

La ville doit pour les lits occupés au-delà de 5000 hommes de troupes, lesquel, en vertu de la décision du Ministre, étaient à sa charge; obligattion qu'elle a d'autant plus reconnue qu'elle a exactement payé les comptes des trimestres précédens, et qu'elle a même payé un à-compte sur le montant, pour les six trimestres en réclamation, d'après le compte arrêté remis à la ville, savoir :

		fr. c.	
1813....	1.er trimestre.	3,350 10	23,529 31
	2.e —— . .	3,987 80	
	3.e —— . .	4,795 37	
	4.e —— . .	3,688 66	
1814....	1.er —— . .	3,853 69	
	2.e —— . .	3,853 69	

Sur quoi elle a payé au Directeur Levot, à titre d'à-compte.	791 90	
Reste. . . .	22,737 41	ci. 22,737 41

La ville doit participer, pour son compte, dans le solde dû par le Ministre, pour les trois premiers trimestres 1813, au prorata de 3400 lits qui se trouvaient dans la place; lequel solde se monte, savoir :

1.er trimestre.	7,656 44	37,406 3
2.e —— . .	5,467 63	
3.e —— . .	2,4281 96	

Faisant, pour les trois mille quatre cents lits placés à Magdebourg..	10,164 50
	98,004 58

TABLEAU N.° 3.

DEUXIÈME HYPOTHÈSE.

COMPTE DÉFINITIF.

PAR suite du compte dressé d'autre part, la ville a reçu, au moyen des retenues exercées sur les comptes trimestriels, tant celles exercées par le Ministre, c'est-à-dire, du 2.e trimestre 1809, jusqu'au 3.e Trimestre 1813, que celles qu'elle s'est retenue sur les décomptes à payer par elle, depuis le 4.e trimestre 1813 jusqu'à la fin de 1815, formant ensemble vingt-sept trimestres, lesquels à raison de 8265 fr. 02 par trimestre, somme fixée pour retenue de chaque trimestre, faisant ensemble. . . . . 223,155f. 54c.

La ville doit pour solde, jusqu'à la fin de 1815, suivant le détail du premier compte.		98,004	58
En cas de suppresssion, la ville doit encore les loyers des lits pour une année, faisant par trimestre, suivant le compte ci-contre détaillé.	fr. c. 12,748 20		
Et, pour les quatre trimestres formant l'année.		50,992	80
Somme Totale que la ville doit aux Propriétaires.		372,152	92
Les Propriétaires ont reçu de la ville, à titre d'avance, 79,800 th. et. de Prusse, faisant, à 355 c. ¼ thaler, la somme de.		291,469	50
La ville REDOIT, pour solde		80,683	42

MÉMOIRE

FÜR DIE

HERREN EMANUEL MAYER DALMBERT

UND

BENJAMIN,

EIGENTHÜMER DER MILITÆRISCHEN BETTE DES EHEMALIGEN WESTPHÆLISCHEN KŒNIGREICHS,

GEGEN

DER STADT MAGDEBURG.

IN PARIS.

1816.

MÉMOIRE

Für Die Herren Em. Mayer DALMBERT und BENJAMIN, Eigenthümer der Militærischen Bette des ehemaligen Westphælischen Kœnigreichs,

Gegen der Stadt MAGDEBURG.

DER Streit, welcher zwischen der Stadt Magdeburg, einerseits, und den Herren Emanuel Mayer Dalmbert und Benjamin, Eigenthümer der Militärischen Bette im ehemaligen Koenigreich Westphalen, andererseits, entstanden ist,

Bietet von Natur und nach den politischen Ereignissen, Fragen dar, welche unumgänglich aufgelöst werden müssen:

1.° Können unter der öffentlichen Gewährschaft, und, der damals existirenden Tractaten, unterschriebene Handels-Vergleiche, mit gutem Fuge, wie vernichtet betrachtet werden, weil die Regierung, welche solche unterschrieben, in der *That* nunmehr zu seyn aufgehört hat?

2.° Kann die Stadt Magdeburg, welche, den 10ten December 1808 unter der Gutheissung und Einwilligung des Ministers und des Präfecten des Elbdepartements, um der mächtich kostspieligen Einquartirung der Militäre bey den Bürgern vorzukommen, mit den besagten Eigenthümern, einen Vergleich von Aufrichtung und Unterhaltung der militärischen Bette, vom 10ten December 1808 an, bis den 1ten. Januar 1818, abgeschlossen hat, sich jetz, unter der Ausflucht : dass die westphälische Regierung aufgelösst sey, dieser ihrer feyerlichen Verbindlichkeit entziehen ?

3.° Hat die Stadt Magdeburg das Recht, die Erstattung des zur Errichtung der Bette vorgeschossenen Geldes zu fordern, da doch die Eigenthümer sich im Tractate nur zu einem quartalweise gewissen Abzuge von der Miethe während der Dienstzeit, bis völlige Vergütung des Vorschusses, verstanden haben, und keinesweges sich zu einer andern Vergütung anheischig gemacht haben.

DARSTELLUNG DER SACHEN.

Als das Königreich von Westphalen errichtet wurde, hielt es der Kriegs-Minister für rathsam, mit Personen zu contrahiren, welche die Aufrichtung und Unterhaltung der Casernen-Bette, in allen Truppen einquartierungsfähigen Städten, übernähmen, vermittelst eines von der Regierung gemachten, und von den Unternehmern quartalweise rückzahlbaren, Vorschusses, und der für diese Bette festgesetzten Miethepreise und *prime d'Ocupation*.

Die nehmlichen Unternehmer müssten auch auf eigene Kosten alle Casernen-Bette, so der Minister für nöthig halten wird, aufrichten und unterhalten. Dieser Vorschuss sollte theils in baarem Gelde, und theils in den, als verkauft abgetretenen Betten und andern Casernements-Effecten, welche damals im ganzen Kœnigreiche waren, bestehen. Nachdem sich besagte Unternehmer zu der quartalweisen Rückzahlung verbindlich gemacht haben werden, sollen sie die Eigenthümer dieser Effecten seyn. Diese den 10ten Januar 1808, übereingekommenen und bezeugten Klauseln, sind die Gegenstände des ersten Vertrages, die Errichtung und Unterhaltung der Casernements-Bette betreffend, welcher auf 9 Jahre und 11 Monathe zwischen dem Kriegsminister und den Eigenthümern abgeschlossen worden ist, wovon Abschrift gegenwärtigem beygefügt (*Siehe* Pièces justificatives, page 1).

Dieser Vertrag in 42 Artikeln, enthält alle von den Contrahenten festgesetzten Klauseln nnd Bedingungen, aus was ein vollständiges Bett bestehet; dessen Beschaffenheit; welche Ordnung für dessen Unterhaltung; Erhaltung und Wäsche zu beobachten sey; aus was eine Halbe-fournitur bestehe; dass drey Halbe-furnituren das Aequivalent zweyer vollständigen ausmachen sollen.

Im 12ten Artikel heisst es : die von den Unternehmern errichteten Bette sollen ausschlieslich für die Truppen dienen, welche die Garnison, der vom Minister angezeigten Plätze, bilden. Im falle der gewöhnlichen Märsche, order unvermutheter Bewegungen, sollen diejenigen bey dem Bürger einquartirt werden.

Es sollen (Art. 18) den Unternehmern in jedem der Plätze, Böden und Magazine unentgeltlich eingegeben werden, ihre Effecten einzuschliessen und ihren Dienst zu vollstrecken. Ihre Angestellten sollen gleicherweise daselbst unentgeltlich logirt werden. Sollten sich Schwierigkeiten ereignen, so wird der Minister die dazu dienlichsten militärischen Gebäude einräumen.

Art. 24. Sollte eine der Städte, wo die Eigenthümer ihr Magazin haben, vom Feinde eingenommen werden; sollte etwa ein Verlust, durch Feuersbrunst; Diebstahl; Feuchtichkeit des Magazins oder irgend einem worgesehenen oder unversehenen Falle, erlitten werden, welcher nicht durch die Schuld der Eigenthümer oder ihrer Angestellten herrührt, endlich alle Verluste so dieselben beweisen werden, sollen ihnen vergütet werden so wie auch der Betrag der Beschädigungen, und zwahr, auf die von den Kriegs-Commissarien, mit Beystand beiderseitiger Experten aufgesetzte Verbal-prozesse von der Bestätigung und der Abschätzung.

Kraft der Artikel 25 und 26, soll den Eigenthümern der Besitz aller Betten und Casernements Effecten eingeräumt werden, welche in Plätze aufgefunden werden, so dem Dienste fremd sind, oder bey Leute, welche nicht das Recht dazu haben; beyderseitige Experten, welche einen Municipalbeamten bey sich haben, werden sie abschätzen, und der Betrag derselben soll auf die, in Art. 42, stipulirten 50 francs angerechnet werden, und zu diesem Ende sollen zweyerley Schätzungen für die von den Eigenthümern angenommenen Bette und Effecten angestellt werden.

Die erste Schätzung von den Gegenständen, welche gleich dienen können, und deren Anschlag quartalweise vom Miethelohn, während der Zeit des Vertrags abgezogen werden soll, soll zum Vorschuss für eine gleiche Anzahl neuer Stücke dienen, in vollständigen Fournituren angerechnet.

Die zweite Classe aus unbrauchbaren und auszubessernden Stücken bestehend, wird ein Capital bilden, welches die Eigenthümer auf gleicher Art der Regierung schuldig werden. Es soll ebenfalls quartalweise vom Miethelohn, während der Zeit des Handels-Abschlusses abgehen, und sie werden verpflichtet seyn, ohne Vorschuss soviel gute Bette zu liefern, als der Schätzungsbetrag dieser Effecten 120 fr. (vorbiltender Preis eines guten Bettes) in sich enthalten wird.

Zufolge dieser Klausel sind die Unternehmer rechtmässige Eigenthümer der Bette, welche ihnen eingehändigt, und so sie selbst aufstellen werden, ohne jemals, wenn auch nach der Zeit des Dienstes, wider ihrer Einwilligung aus dem Besitz derselben gebracht werden zu können

Der Art. 31 lautet, dass die Eigenthümer für jedes der Bette, so sie unterhalten werden, deren Anzahl jedoch in keiner Stadt die vom Minister festgesetzten übertreffen darf, folgende Preise erhalten:

Für ein gemeines Soldatenbett, jährlich....... 12 fr. 15 c.
Für eine halbe Fournitür id. .... 8 «

Es soll ihnen ferner eine auf die grössere Anzahl der Bette anwendbare prime d'ocupation gestattet werden, welche zugleich im Laufe jedes Quartals den bleibenden Truppen gedient haben werden;

NEMLICH:

Für ein gemeines Soldatenbett, per Quartal... 2 fr. 80 c.
Für eine halbe Fournitür id. 1 25

Wenn es der Minister zum besten des Dienstes für nützlich findet, alle, oder einen Theil der Bette eines Ortes, welche in der vorgeschriebenen oder hingefügten Festsetzung begriffen sind, abzuschaffen, so sollen die Eigenthümer als Entschädigung ein Jahr lang noch ihr Miethegeld forterhalten, ohne selbige während dieser Zeit auf dem Platze lassen zu brauchen, welche anderswohin gebracht werden können, um die unbrauchbargewordenen Stücke zu ersetzen.

Dieses Entschädigungs-jahr fängt mit dem Quartal an, in welchem die Abschaffung der Bette den Eigenthümern angekündigt worden seyn wird, in sofern solches in den ersten 45 Tagen des Quartals statt hat, wiedrigenfalls fängt es erst mil dem künftigen Quartal an.

Art. 41. Die Eigenthümer müssen sich verpflichten, für die Entscheidung der Streitsachen, nur den Minister, und für den Appellations-Falle, den Staatsrath zu erkennen. Kraft des Artickels 42 verpflichten sich die Eigenthümer jedesmal, wenn sie vom Minister dazu aufgefordert werden, die vorgeschriebene Anzahl Bette in den angezeigten Plätzen aufzurichten, nach einer Anzeige von 50 Tage für Tausend Bette, und so verhältnissmässig für eine grössere Quantität, deren Miethelohn vom ersten des Monats anfangen soll, in welchem die Effecten in den Casernen oder Magazine werden gebracht worden seyn.

Sobald der Befehl zur Errichtung der Bette angelangt seyn wird, soll den Unternehmern ein Vorschuss von 50 fr. per Bett gereicht werden, entweder in baarem Gelde, oder in abgetretenen Effecten, so wie es schon im Art. 26. ausgedungen ist.

Der Betrag dieses Beystandes soll den Unternehmern quartalweise während des Dienstes abgezogen werden.

Den 28.ten Februar, nemlichen Jahres schlossen die Eigenthümer, mit dem Kriegsminister einen zweiten Vergleich über die jährliche Unterhaltung und Ausbesserung der Caserngeräthe, ab (*Siehe* Pièces justificatives, page 19 und folgende).

Dem Art. 2. zufolge, verpflichten sich die Unternehmer, auf einem von den Ingenieuren certifizirten Aufsatze, alle nöthig erachtete Gegenstände zu verschaffen, welche im Art. 1. ausführlich bezeichnet sind. Der Minister wird auf der Stelle den Unternehmern die Hälfte, der zu dieser Ausgabe erforderlichen Gelder überreichen lassen, und die andere Hälfte, sobald die Geräthe herbeygeschaft seyn werden.

Art. 4. Es sollen den Unternehmern jährlich für jedes vom Minister geforderte Bett, und zu welchem sie folglich die nöthigen Geräthe vorhalten müssen, folgende Preise gezahlt werden:

Für ein unterhaltenes Bett..................	1 fr.	« c.
Prime d'ocupation, (zu welcher die Miethelohne der Bette als Basis dienen) per trimestre....	«	50

Die Zahlungen sollen auf der nehmlichen Art und Weise geschehen, wie schon im Handelsabschlusse der militärischen Bette übereingekommen und festgesetzt ist.

Alles, was im Vergleiche der Bette auf die Erhaltungsmittel der Gegenstände, Zahlung der fehlenden oder beschädigten Stücke, Bezug hat, soll gegenwärtigem Vergleiche von der Unterhaltung der Effecten und Geräthe gemein seyn, und zur Bürgschaft dieser Effecten und Geräthe, verpfänden die Unternehmer ihre militärische Bette. Kraft dieses Abschlusses, gehört der eigenthümliche Besitz der Geräthe, der Regierung an, und die Unterhaltung derselben den Unternehmern, welche die, im gegenwärtigen Vergleiche übereingekommenen Preise dafür erhalten sollen.

Den 1.ten April nehmlichen Jahres, wurde dem Vergleiche vom 10.ten Januar, ein Art: die Officierbette betreffend zugefügt:

Da dieser Accord in demjenigen vom 14ten August 1810, buchstäblich abcopirt worden ist: so hielt man es für überflüssig, selbigen in die Pièces justificatives besonders einzutragen. (*Siehe* page 44 und folgende).

Den 14.ten August wurden alle diese einzelnen Verträge in ein einziges Heft umgeschmolzen, ohne derer gegenseitig contractirten Klausel und Bedingung zu ändern, ausgenommen jedoch, dass der im ersten Vergleiche auf 50 fr. per Bett festgesetzte Beystand, darinn auf 48 fr. herabgesetzt ist (*Siehe* Pièces justif., page 65 und folgende).

2.° der Abzug von 2 p.°/₀ für die Invalidencasse, (*Siehe* Pièces justificatives, page 80).

Anfänglich wollte die Regierung in der Stadt Magdeburg nur 1200 vollständige und 120 halbe fournitüren aufstellen, und dieser Festsetzung zufolge wurde der Auftrag davon den Unternehmern gegeben, welche ihn auch vollzogen: allein, da die Anzahl der Truppen in der Folge zunahm, und der Ueberschuss bey den Bürgern einquartirt ward, so hielt die Stadt bey dem Minister an, um eine grössere Anzahl Bette zu erhalten; allein der Minister glaubte nicht es gewähren zu sollen. Dieses brachte die Stadt dazu, dass sie dem Minister anboth, Bette und Geräthe für eine Garnison von 6000 Mann aufzurichten, um damit den Einwohnern die Truppeneinquartirung, welche alle Classen beschwehrte, zu erleichtern, und versprach durch ihren Stadtrath, der westphälischen Regierung, den Eigenthümern das zur Errichtung der Casernements-Bette und Geräthe nöthige Geld vorzuschiessen, mit dem Beding, dass dieser Vorchuss soll in gleichen Bezahlungen von Quartal zu Quartal bis den April 1817, wo der Vertrag Zwischen dem Kriegsminister und den Eigenthümern, sich seinem Ende nähert, abgetragen werden, vermittelst eines Abzugs so der Minister von den, den Eigenthümern zukommenden Bezahlungen, machen wird.

Der Minister nahm dieses Anerbieten von der Stadt an, welche dadurch einen sehr beträchtlichen Vortheil für ihre Eeinwohner erhielt. Sie war der pünktlichen Rückzahlung ihres Vorschusses sicher, und vermittelst eines sehr mässigen Interesses, war sie einer sehr grossen Bürde entlastet.

Am 10ten December 1808 (*Siehe* Pièces justificatives, page 25), ward zwischen dem Grafen von Blumenthal, Maire von der Stadt

2

Magdeburg und den Eigenthümern der Bette ein Tractat abgeschlossen. Dieser Vertrag wurde von dem Herrn Grafen von Schulenburg Präfect des Elbdepartements, bestätigt und gutgeheissen. Der Innhalt dieses Vergleiches ist Eigentlich dieses, dass : da die Stadt Magdeburg dem Kriegs-Minister verheissen hat, den Eigenthümern alle, zur Errichtung der Bette und andern Geräthe für eine 6000 Mann starke Garnison, nöthige Gelder vorzuschiessen, mit dem Beding, dass dieser Vorschuss, ihr quartalsweise wird rückgezahlt werden, vermittelst eines dreymonatlichen Abzugs.

Da es aber unmöglich ist, diese Summe in baarem Gelde herzugeben, so werden sich die Eigenthümer begnügen, gehörigen Orts, Obligationen anzunehmen, welche der Maire, im Nahmen der Stadt, unterschreiben wird, und zur Versicherung sollen die Güter der Stadt als Unterpfand, verschrieben werden.

Dieser mit allen heiligen Charactern des Contractes versehener Vergleich hatte für die Bette und Geräthe statt, so für 6000 Mann zu legen nöthig sind, und sogar einige hundert mehr, ohne die schon in der nehmlichen Festung vorhandenen Bette zu rechnen.

Die, anstatt baares Geld von der Stadt unterschriebenen und ausgestellten Obligationen, sollen, vom Tage ihrer Ausfertigung an, ein jährliches Interesse von 6 p.°/o tragen, welche quartalsweise zahlbar sind, bis die, nach der im Contracte bestimmten Weise, völlige Abzahlung.

Der Art. 3 lautet, dass, ausser der erwähnten 6 p.°/o tragenden Obligationen, eine andere von gleicher Summe und Verfallzeit soll zum Vortheil der Eigenthümer unterschrieben werden, welche aber keine Interessen trägt, und nur den Contrahenten zur Versicherung, einer dritten Hand, dem Maire von Cassel, in Verwahrung gegeben werden.

Art. 4. Vermöge einer besondern Uebereinkunft zwischen dem Kriegs-Minister, und der Stadt Magdeburg, soll diese, bis den 1ten Januar 1818, nichts mehr von ihrem, den Eigenthümern gemachten Vorschusse, zu fordern haben.

Diese Abzahlung sollen die Eigenthümer quartalweise von ihren, vom Minister erhaltenen Miethgeldern und *Prime d'ocupation*, entrichten. Sollten aber die Eigenthümer nicht ordentlich vom Minister ihre Quartal-Zahlung, an dem im Contracte bestimmten Tage, erhalten, so verpflichtet sich die Stadt, des Ministers Verbindlichkeit, für den nicht bezahlten Termin, über sich zu nehmen; und die Eigenthümer mit baarem Gelde zu befriedigen. Hat die Stadt binnen 95 Tagen nach der Verfallzeit nicht gezahlt, so sind die Eigenthümer befugt, nicht allein mit den nichtabgezahlten Interessentragenden Obligationen, wie mit ihrem Eigenthum zu schalten, sondern auch mit denjenigen, welche abgeredetermassen, dem Maire von Cassel in Verwahrung eingehändigt seyn werden.

Art. 6. Da die schnelle Beförderung der Bette und Geräthe, für die Stadt Magdeburg von einer grossen Wichtigkeit ist, so verspricht sie den Unternehmern eine Prämie von 500 Thaler wenn solche binnen Acht Monathe, vom gegenwärtigen Contracte an gezählt, die 2,200 Betten und dazu nöthigen Geräthe aufstellen.

Haben aber die Unternehmer, zur Bestimmten Zeit die 2,200 Betten nicht aufgestellt, so sollen sie angehalten werden, der Stadt, auf die erhaltenen Obligationen, die Su mm von Zwölf Tausend Francken zu vergüten.

Den 19ten März 1809 wurde diesen Verträge ein Artikel nachgetragen (*Siehe* Pièces justificatives, page 37), welcher die Art der Rückzahlung des, von der Stadt Magdeburg den Eigenthümern gemachten Vorschusses, gänzlich ändert.

Dieser Anordnung gemäss, soll die besagte Auszahlung nicht mehr durch die Eigenthümer selbst geschehen, sondern der Kriegs-Minister wird ihnen, von ihrem Miethegeld, und ihrer *Prime d'occupation*, die im Tractate übereingekommene Summe, abziehen, und solche der Stadt jedes Quartal anweisen. So wird die Stadt die Vergütung ihres Vorschusses *rectà*, vom Minister erhalten.

So Sind die, mit der strengsten Wahrheit dargestellten und auf gerechtsgültige und unverwerfliche Acten gestützten Thatsachen, welche zwischen dem Minister und den Eigenthümern, und der Stadt und den besagten Eigenthümern, statt gehabt. So haben sie sich gegen einander verpflichtet und verbindlich gemacht. Alles ist treulich gehalten worden, bis das dritte Quartal von 1813.

Die Eigenthümer haben pünctlich die verlangten Bette zum Dienste hergegeben. Der Minister zahlte ihnen den übereingekommenen Preis, ausgenommen eine Summe von 37,406 fr. 3 c., welche er damals, für Soldo bis das dritte Quartal 1813 schuldig war. Die Stadt hat auch vom Minister für ihren Vorschuss, die Summe erhalten, so er den Eigenthümern abgezogen. Obschon die Eigenthümer in den letzten Tagen der westphälischen Regierung Mühe hatten, ihre Zahlung zu bekommen, und rechtmässig die Stadt angreifen konnten, und sie zwingen das Rückständige des Ministers, dem 4ten Artikel ihres Contractes mit derselben zufolge, nachzutragen, so unternahmen sie doch nichts wieder die Stadt, sondern setzten im Gegentheil, ihren Dienst daselbst, während der Blocade fort, bis den 24ten May, wo sie den preussischen Truppen übergeben ward, ohne die geringste Zahlung zu erhalten, weder vom Ministerium, welches gar nicht mehr vorhanden war, noch von der Stadt, welche sogar, was auf ihre eigene Kosten war, auch nicht zahlte; nehmlich die überzählige Garnison von 5000 und welches sie bis Ende 1812 entrichtete.

Die Eigenthümer machten diese augenblickliche Aufopferung, um einen neuen nicht zweydeutigen Beweis zu geben. Sie thaten noch mehr, sie schickten einen Bevollmächtigten nach Magdeburg, um mit der Stadt sich Gütlich über alle Ansprüche zu verstehen. Sie konnten mit Recht von Seite der Stadt, ein, ihrem Betragen und ihrer Uneigennützigkeit, entsprechendes Verfahren, erwarten.

Die Stadt aber, ohne dieses alles in Betracht zu ziehen, ohne ihrer heiligen Verpflichtungen gegen die Eigenthümer eingedenk zu seyn, hat so eben, nicht allein solche angegriffen, sondern auch Thätigkeiten wider sie ausgeübt, und liess, Trotz aller Gerechtigkeit und

Billigkeit, auf alle in Magdeburg befiudlichen, und den Eigenthümern angehörenden Bette ein Arrest anlegen, und, zwahr nicht allein auf 2,200 welche jene, ihrem Contracte mit der Stadt gemäss, errichtet hatten, sondern auch auf die 17 bis 1800 Bette *circa*, sowohl von denen, so die Eigenthümer selbst errichtet hatten, als von denen, so aus die Magazinen von Hannover sind dahin geschickt worden.

GERICHTLICHE EINKLAGEN.

Den 5ten October 1814, gab die Stadt Magdeburg dem Präsidenten des dasigen Tribunals eine Bittschrifft ein, um die Erlaubuis zu erhalten, einen Arrest auf die daselbst befindlichen und den Eigenthümern angehörenden Casernenbette und Geräthe, dem Director der militärischen Bette einzuhändigen, um damit die Summe von 44,800 Thaler, so sie behauptet, dass sie von den Eigenthümern für völligen Abtrag ihres Vorschusses zukömmt, zu sichern (*Siehe* Pièces justificatives, page 107).

Am folgenden 9ten October erhielt sie die verlangte Befugniss (*Siehe* Pièces justificatives, page 109).

Dieser Arrest hat auch wirklich, auf gerichtlichen Auszug vom folgenden 20ten October in den Händen der Herren Levot, Director der besagten Bette, und Fournier Casernen-aufseher, statt gehabt und es ward zugleich den Eigenthümern eine Citation überreicht, in Zeit von 40 Tagen, vom besagten 20ten October an zurechnen, vor Gericht erscheinen (*Siehe* Pièces justificatives, page 109).

Den 1ten August wurden die Eigenthümer durch eine Vorladung auf den folgenden 18ten November von den Herrn Fahrenholtz, Justitzrath der Stadt, berufen (*Siehe* Pièces justificatives page 147).

Am nehmlichen 15ten August, wurde eine andere Vorladung den Eigenthümern überreicht. Laut dieser, in welcher die Vorhergehende gänzlich wiederholt wird, sollen sie den folgenden 13ten November vor Gericht erscheinen, um ihrer Verurtheilung zur Summe

44,800 Thaler, welche den letzten Abtrag, des ihnen von der Stadt gemachten Vorschusses bilden soll, beyzuwohnen.

Sie machte noch eine andere Forderung, dass ihr die Eigenthümer die Summe von 18,865 francs 43 cent. ½, für Soldo der Summe von 34,998 fr. 63 c. ½, so sie in Effecten und Geräthe, von der westphälischen Regierung erhalten haben, welche gerade in der Stadt waren, als der König von Westphalen sie in Besitz nahm. Da diese Gegenstände der Stadt gehörten, und die Eigenthümer nur eine abschlägliche Zahlung von 16,133 fr. 20 c., darauf entrichtet hätten, so müssten sie den Ueberrest der besagten Stadt abtragen (*Siehe* Pièces justificatives, page 125 und folgende).

Den 24ten August 1815 wurde den Eigenthümern vom Magdeburgischen Tribunal der Bericht ertheilt: dass dasselbe den Herrn André, Gerichtscommissär, zu ihren Curator ernannt hatte: allein, da die Verhältnisse der Länder wieder hergestellt wären, so sollen sie, die Eigenthümer, sofort ihren Bevollmächtigten ernennen (*Siehe* Pièces justificatives, page 151).

Dieser Bericht lautet ferner: dass ein Theil der, in Magdeburg zurückgelassenen Effecten, der Verordnung des dasigen Tribunals vom besagten 24ten August zufolge, zum Verkauf ausgestellt worden sey, um die, der Salariencasse noch zukommenden Unkosten zu berichtigen.

VERTHEIDIGUNGS-MITTEL.

Ohne sich in die Vertheidigungen einlassen zu wollen, welche die Eigenthümer, gegen die übermässigen Anforderungen, welche sich die Stadt Magdeburg erlaubt, einwenden können, hätten dieselben vielleicht mit gute Erfolge, das Magdeburgische Tribunal ablehnen können.

1.° Als französische Bürger, müssen sie von ihren competenten Richtern, welche das Tribunal ihres Wohnsitzes bilden, gerichtet werden.

2.° Indem die entstandene Misshelligkeit über die Vollziehung eines, blos administrativen, Contractes, und auch nur von einer administrativen Autorität, herrührt, und, dem Art. 41 des Vertrages vom 10ten December 1808 (im Art. 5 Tit. 3 des Vergleiches vom 14ten August 1811 wiederholt) zufolge, die Contrahenten, im Falle eines Missverständnisses, die Vollführung des Vergleichs betreffend, den Kriegs-Minister, und im Appellations-Falle, den Staatsrath zum entscheidenden Richter anerkannt haben, so sollte auch die Entscheidung derselben nicht die Sache der Civil-Tribunäle seyn.

Anstatt aber durch dergleichen Mittel die Entscheidung dieser Sache zu verzögern oder zu verschieben, wünschen Sie im Gegentheil sehnlichst, dass selbige, sobald als möglich, Statt haben möge.

Theils auf die Gerechtigkeit ihrer Sache, und theils auf die Rechtschaffenheit und Unpartheylichkeit der Herren Richter des magdeburgischen Tribunals gestützt, treten die Eigenthümer mit völliger Zuversicht von demselben hin: indem sie sich im voraus versichert halten können, dass der Ausspruch desselben nicht anders, als nur zu ihrem Vortheil ausfallen kann, und, dass die Richter, von aller Partheylichkeit entfernt, und vom heiligen Character ihres Amtes durchdrungen, einen richtigen Begriff vom Geiste des Contractes fassen, und sich in den Zeitpunckt, wo selbiger abgeschlossen worden, versetzen werden. Wenn die Richter demnach untersuchen werden, wer von den Contrahenden, die darin abgeschlossenen Bedingungen verletzt hat, so sind die Eigenthümer überzeugt, dass sie nicht allein, nichts zu fürchten, sondern alles zu hoffen haben.

Bevor wir uns in die Vertheidigung einlassen, sey es uns erlaubt, dem Tribunal einen kurzen Begriff von den unzähligen Vortheilen, so die Stadt Magdeburg durch die, von den Eigenthümern errichteten Bette erhalten hat, und mit welcher Uneigennützigkeit sie der Stadt Beystand geleistet haben, vorzustellen. Anfänglich bestimmte der Kriegs-Minister der Stadt Magdeburg 1,200 vollständige Bette, und 120 halbe-Fournituren: Allein, diese Anzahl, welche vielleicht in gewöhnlichen Zeiten hinreichend gewesen wäre war, durch die zahlreiche Garnison, welche die Umstände, fast so lange das westphälische Königreich bestand, für Magdeburg, erforderten, nicht hinlänglich genug, und ist wirklich auch der grösste Theil des Militärs bey dem Bürger einquartiert worden, welcher, durch die unerträglichen Unkosten, und den unvermeidlichen, und beständig wachsenden Schwierigkeiten dadurch niedergedrückt war.

Die Stadt hat also durch ihren Tractat mit den Eingenthümern, einen, nicht gemeinen Vorteil gefunden: da sie sich, ohne dazu so gleich baare Gelder herzugeben, die so nützliche Errichtung der 2,200 Bette, verschaffen konnte: denn, ist es ihr auch nicht ganz unmöglich gewesen, so hätte sie doch immer sehr schwerlich nur, die zur Verfertigung der 2,200 Bette erforderlichen 79,800 Thaler, welche sie den Eigenthümern vorzuschiessen, sich gegen den Minister verpflichtet hatte, aufbringen können.

Die Stadt offerirte daher den Eigenthümern Obligationen, welche diese, ob ihnen schon gleich diese Willfährigkeit sehr nachtheilig seyn musste, dennoch annahmen: indem sie ungerechnet der Gefahr welcher sie sich dabey unterzogen, und der unvermeidlichen Verluste, die sie, um sich das nöthige Geld zu verschaffen, erlitten, alle Gegenstände und den Urstoff mit baarem Gelde wohlfeiler hätten stellen können.

Der, von der Stadt den Eigenthümern geleistete Vorschuss, bestand aus Obligationen von 1000 Thaler und 500 Thaler, von welchen, alle drey Monathe, vom 2tem Quartal 1809 an, bis zum ersten Quartal 1817 inbegriffen, 2,500 fr. zahlbar waren. Diese Summe, zahlbar, wie die Klauseln des Contractes lauten, sollte, vermittelst des, vom Kriegs-Minister zu machenden Quartals-Abzuges vom Miethegelde zur Verfallzeit der obgedachten Obligationen von den Eigenthümern abgezahlt seyn.

Dieser, der Stadt so vortheilhaften Anstalt zufolge, war selbige gesichert, ihre Obligationen nach und nach abgetragen zu sehen, und war ihr dadurch die nöthige Summe zu der Zahlung, so sie zu machen hatte, angewiesen, um welcher sich ihre Schuld immer mehr vergringerte.

Die Stadt zahlte also wircklich von ihrem eigenen Gelde nur die Interessen ihrer Obligationen, von deren Austellung an, bis zu ihre völlige Abzahlung.

Dieses ist die einzige, reelle und lästige Ausgabe, zu welcher Magdeburg sich gegen die Eigenthümer verpflichtet hatte, und zwar, um sich eine Last zu erleichtern, deren Dauer unbestimmt, und um so beschwerlicher war; da selbige alle Einwohner betraf. Dabey muss mann aber auch nicht mit Stillschweigen übergehen, dass diese Interessen, durch jeder, vom Minister den Eigenthümern, bis zum völligen Abtrag, gemachten Quartalzahlung einzigweise so abnahmen, dass der Betrag derselben in der Folge sehr unbedeutend geworden ist.

Vermittelst der hiebey gefügten Tabelle (*Siehe* Tabelle n.° 1), hat man ein Verzeichniss der gänzlichen Summe der Interessen aufgestelt, welchle die Stadt nacheinander zu zahlen hatte: nehmlich, von der Ausstellung der Obligationen, dem ersten Quartal 1809 an, bis zum ersten Quartal 1817, zu welchem Zeitpunckte alle ausgestellte Obligationen, durch die, den Eigenthümern abgezogenen Summen, völlig entriehetet seyn sollen. Dieser Tabelle zufolge, beträgt diese Summe nur 19,710 Thaler, oder 71,990 fr. 77 c. Da die Vermiethung auf neun Jahre war, so muss man diese Summe unter den 9 Jahren vertheilen. Die Stadt zahlte alsdenn jährlich nur 7998 fr. 97 c., für welche, und durch die, von den Eigenthümern errichteten 2200 Bette, selbige 4400 Soldaten, je zwey und zwey in einem Bette, logirt hatte. Das logement eines Soldaten kostete demnach der Stadt nur, jährlich 1 fr. 81 c., welches täglich einen halben Centim ausmacht.

Bey allen diesen Vortheilen, fand die Stadt Magdeburg noch einen andern, welcher ihr nicht unwichtig war: sie wäre nehmlich am ersten Quartal 1817 wo, die von ihr unsterschriebenen Obligationen getilgt, der Bettanstallt gesicheret gewesen, ohne die geringste Ausgabe zu haben. Die Tilgung der Obligationen hätte den Interessen ein Ende gemacht.

Wahr ist es, dass die Stadt, um die beträchtlichen Vortheile, so sie vom Vergleiche erhielt, eines Theils einzubringen durch den Art. 4, die Verpflichtung des Ministers über sich genommen hat, den Unternehmern das verfallene Mithegeld zu bezahlen, wenn der Minister solches nicht entrichtet hat.

Wir wollen aber den, in dem Vergleiche so förmlich angeführten Falle, selbst untersuchen, ob die, von der Stadt übernommene Verpflichtung wircklich beschwerlich, oder wielmehr sehr vortheilhaft für derselben wäre.

Die Stadt sollte zahlen :

Miethegeld.	Für ein Bett 3 fr. 3 c. $\frac{3}{4}$ per Quartal, macht jährlich.	12 fr.	15c.
	Für Geräthe 25 c. per Quartal, macht jährlich.	1	«
Prämie.	Für ein Bett 2 fr. 80 c. per Quartal, macht jährlich.	11	20
	Für Geräthe 50 c. per Quartal, macht jährlich.	2	«
	Zusammen.	26	35

Diese Summe von 26 fr. 35 c. für ein Bett, worin zwey Soldaten schlafen, macht jährlich für einen Soldaten 13 fr. 17 c. $\frac{1}{2}$ aus, oder 3 c. $\frac{3}{5}$ eine Nacht.

Das ist also alles, was Magdeburg zu ertragen hätte, wenn die Vollziehung des Vergleichs fortgelte.

In allen Rücksichten also, und sogar in der Voraussetzung, dass die Stadt in die Verpflichtung des Ministers treten müsste, ist der Vergleich dieser Stadt sehr vortheilhaft. Denn, zahlt der Minister, so kömmt ihr die Einquartierung eines Soldaten nur auf einen halben Centim täglich zu stehen; und, dass nur so lange, als sie Interessen zu zahlen hat, nehmlich bis zum ersten Quartal 1817, gesetzt also, dass die Stadt, den Minister vertretend, das Miethegeld zu zahlen hätte, so würde diese Einquartienrung doch nur auf 3 c. ½ des Tages kommen, welches vielweniger ist, als es wircklich bey dem Einwohner kosten würde; indem durch den Vergleich, der Bürger jährlich nicht mehr ausgiebt, als die häusliche Einquartierung in einem Tage kostete, ohne der Beschwerlichkeiten zu gedencken, welche die unvermeidlichen Folgen dieser Art Einquartierung sind, und nicht wenig in Betracht gezogen werden müssen:

Wir wollen nun die Anforderungen der Stadt wiederlegen.

Erste Anforderung.

Da jetz die politischen Ereignisse grosse Veränderungen in ihrer Lage bewirckt haben, und eine neue Ordnung sich eingestellt hat: so stützt sich die Stadt auf den Grad von Macht, welche ihr wircklich verliehen ist, und will die Eigenthümer für die Summen, welche ihr die westphälische Regierung, in den, zwischen ihr und derselben übereingekommenen Zeitpunckten, nicht entrichtet hat, zur Rechenschaft ziehen, obgleich diese Summen den Eigenthümern in ihrer Quartalrechnung mit der Regierung, vom ersten Quartal 1813, bis zum dritten Quartal desselben Jahres, abgezogen worden sind. Sie fordert ferner, dass ihr die Eigenthümer 44,800 Thaler ersetzen möchten, für diejenigen 2,500 Rr., welche ihnen, bis zum völligen Abtrag des ihnen gemachten Vorchusses, jedes Quartal zurückgehalten werden sollten; indem sie sich ihrer Verpflichtungen gegen die Eigenthümer entledigt zu haben glaubt.

Kraft des Art. 4. ihres Contractes mit den Eigenthümern, haftet die Stadt für die Zahlung des Miethegeldes ihrer Bette, wenn die Regierung zu den bestimmten Quartalen nicht pünctlich zahlen sollte, und hat dieselbe sogar zugegeben, dass, zur grössern Versicherung dieser Zahlung, doppelte, zur Verfallzeit der haupt Obligationen, zahlbare Obligationen, dem Maire von Cassel eingehändigt wurden, damit solche den Eigenthümern wie ihr selbst erworbenes Eigenthum überliefert werden, im Fall die Stadt sie nicht binnen 95 Tage nach der Verfallzeit befriedigt.

Die Stadt hat alsdenn die Gewährschaft, welche sie, laut des obgedachten Contractes, geleistet, heilig verheissen. Sie hat sich rechtskräftig die förmliche Verpflichtung auferlegt, den Eigentümern alle Verzögerungen, welche sie in ihren Zahlungen, erleiden würden, oder die Nichtvollziehungen der Klauseln, so die Eigenthümer in ihren Verträgen mit der Regierung getroffen, zu vergüten. Eine Gewährschaft, welche sich wohl auf den Fall erstreckt, wenn die Bette nicht gebraucht werden.

Dieses aber nur für die Zahlungen des Miethegeldes, und zwahr nach dem Preise, welchen der, mit dem Minister abgeschlossene, Vergleich festsetzet. Diese Gewährschaft war den Eigenthümern von Anfang 1808 bis Ende 1817, wo der Vergleich aufhören soll, gesichert.

Als die Eigenthümer mit der Stadt Magdeburg, welche durch ihrem Stadt-Rath vorgestellt und von dem Ober-Magistrat bevollmächtigt war, contrahirten, konnten sie ihren Vergleich, wie einen, unter Privatpersonen getroffenen Handel, betrachten. Ein Vergleich, welcher mit allen, von den ältern und neuern Gesetzen anerkannten Formalitäten versehen ist, kann nicht anders als mit der beiderseitigen Einwilligung der Contrahenden, vernichtet werden, sobald selbiger zu wircken angefangen hat.

In der That, wie würde man behaupten können, dass der abgeschlossene Vertrag, zwischen den Eigenthümern der militärischen Bette einerseits, und der Stadt Magdeburg andererseits, nicht ein, zwischen Privatpersonen getroffener, Handel sey? und dass die Auflösung der Regierung, unter welcher selbiger geschlossen worden ist, ihm seine Kraft benähme? Der Vergleich vom 10ten December 1808 ist mit der Stadt Magdeburg abgeschlossen worden. Die Ereignisse, welche das westphälische Königreich zernichtet, haben doch diese Stadt nicht zerrüttet. Dieselbe hat noch immer ihre Existenz, ihre Besitzungen, und ihre Verwaltung beybehalten, und; war sie in den wircklichen Umständen befugt, Vergleiche abzuschliessen, so kann sie mit so wenigerm Recht, sich den Verpflichtungen entziehen, welche sie in andern Umständen, eingegangen ist. Von jeher ist überrall das Munizipalwesen von dem politischen Wesen, d. h. von der wircklichen Regierung, getrennt gewesen, und, was für Aenderung dieser letztern zustösst, bleibt ersteres unversehrt, und folglich allen von ihm eingegangenen Verpflichtungen, schuldig Genüge zu thun.

Es gab immer collective Autoritäten, welche in Rücksicht ihrer Befugniss zu tractiren, und Verpflichtungen sich aufzulegen, wie Privatpersonen betrachtet werden. Diese Tractate und Verpflichtungen sind den nehmlichen Gesetzen unterworfen, als die Verträge der Privatpersonen. Dahin gehören die Provinzadministrationen, die Städträthe, die Hospizverwaltungen, und überhaupt alle Administrationen der sogenannten todten Hand.

Die Kraft dieser Verwaltungen ist, da sie das Vermögen eines sehr beträchtlichen Haufens betrifft, für die Gesellschaft von der grössten Wichtigkeit. Was würde aus der Gesellschaft werden, wenn alle diese Verwaltungen, sobald die Provinz unter die Bothmässigkeit eines andern Fürsten übergehet, sich von allen ihren Verpflichtungen, welche sie unter der vorhergehenden Regierung eingegangen sind, durch diese blose Regierungsänderung, frey geschlagen halten Können?

Wird man aber sagen (und gewiss ist das der einzige Fall, wo die Stadt Magdeburg berechtigt wäre, die Aufhebung ihres Contactes zu fordern) dass dieser Vertrag eine Bevortheilung zum Nachtheil der Stadt enthällt? So sprechen die Thatsachen hier von sich selbst, und wir haben schon oben augenscheinlich bewiesen, dass, weit entfernt, ihr nachtheilig oder lästig zu seyn, der Vertrag ihr, in allen möglichen Rücksichten, äusserst vortheilhaft ist.

Um aber wieder auf die Streitsache zu Kommen, ist die westphälische Regierung diesem Vergleiche nur beygetreten, um, zu Gunsten der Stadt, von dem den Eigenthümern zukommendem Miethelohne, quartalweise, Zurückhaltungen anzustellen. Alles übrige ist blos ein Handel zwischen der Stadt und den Eigenthümern der militärischen Bette. Der vertrag ist zum Vortheil und zur Erleichterung der Stadt getroffen worden; sie hat die Einrichtung der Sachen, so wie sie im Contracte festgesetz ist, selbst gefordert; sie hat die Bedingungen angeboten, und festgesetzt; sie machte den Vorschuss, nach der im Acte übereingekommenen Weise; sie allein ist alsdenn die contrahirende Parthey, und der zwischen ihr und den Beklagten abgeschlossene Vergleich, ist ganz bestimmt, ein, zwischen Privatpersonen getroffener Handel, dessen Kraft er haben muss, und muss auch den nehmlichen Gesetzen und Schicksalen unterworfen seyn.

Diese Grundsätze sind von der grössten Gewissheit, und bedürfen Keiner äusserlichen Stütze. Sollte dieses aber wircklich der Fall seyn, so Könnten sich die Beklagten auf das Zeugniss des gewesenen Kriegs Ministers berufen, und dieses Zeugniss ist gänzlich peremptorisch, Nun wie drückt sich dieser Minister aus, in seinem Schreiben an dem Maire von Magdeburg, vom 12ten Januar 1810 (*Siehe* Pièces justificatives, page 59), den Tractat, welcher der Gegenstand des jetzigen Streites ist, betreffend.

Wir wollen seine Worte buchstäblich anführen:

« Was den Vertrag anbelangt, welchen Sie mit diesen Unternehmern geschlossen, kann ich ihn nur wie einen Handel zwischen Privatpersonen betrachten, welchem ich völlig fremd bin und seyn soll, indem meine Dazwischenkunft nur nöthig ist, der Stadt die Abtragung ihres Vorschusses zu sichern. »

Diese, in unsererer Sache so wichtige Antwort, beweiset augenscheinlich:

1.° Dass die Stadt Magdeburg sich unmittelbar an die westphälische Regierung gewendet hatte, für die Erleichterung der lästigen Einquartierung, welche so sehr die Einwohner beschwerte.

2.° Dass der Kriegs Minister, zum Vortheil der Stadt Magdeburg eine gewisse Summe vom Miethegelde der in dieser Stadt aufgestellten Bette, den Eigenthümern zurückhielt;

3.° Dass sie sowohl der Bette, die sie aufgerichtet, als derjenigen, die sie anfänglich von der westphälischen Regierung angekauft, rechtmässige Eigenthümer waren.

4.° Dass der zwischen der Stadt und den Eigenthümern abgeschlossene Vergleich, nur wie ein Handel unter Privatpersonen zu betrachten ist, welcher die Contrahenten bis Ende der im Acte bestimmten Zeit, bindet;

5°. Dass die Aufrichtung dieser Bette, der Stadt Magdeburg sehr vortheilhaft gewessen ist, indem sie dadurch der kostspieligen und beschwerlichen Einquartierung einer starken Garnison überhoben ward, welche vermittelst der Bette, ihr, und ohne der geringsten Beschwerlichkeit, jährlich nur 7,998 fr. 97 c. kostete, welche Summe, unter ihrer 30 bis 40,000 Menschen starke Population ausgeschlagen, äusserst unbedeutend ist.

Endlich, dass die Eigenthümer nicht aufgehört haben in Besitz zu bleiben, in welchen sie der 10ten December 1808, zwischen ihnen und der Stadt Magdeburg getroffene Contract, gesetzt hat. Da, was sich seither zugetragen hat, die Folgen einer höhern Gewalt, eines unversehenen Falles, besonderer Ereignisse ist: so berufen sich jetzt die Eigenthümer auf den Art. 24, des obigen Vertrags wom 10ten Januar 1808 welcher im Art. 65 des Vertrags vom 14ten August 1811 zwischen ihnen und dem Kriegs Minister, wiederholt ist. Diese Artikel sind nun ihre Schutzwehr. Die Stadt Magdeburg hat ihnen auf der förmlichsten und heiligsten Weise, im Art. 4, ihres Contractes vom 10ten December 1808, Gewähr geleistet. Sie ist also durchaus verpflichtet, nicht allein für ihre eigene Versprechungen zu stehen, sondern auch für diejenigen der westphälischen Regierung, die Entrichtung der Miethegelder und andern Anforderungen, so von den, in dieser Stadt aufgerichteten Bette herrühren, betreffend.

Die einzige Aenderung, welche die Zernichtung der westphälischen Regierung, in der Vollziehung des Vertrags bewirken kann, ist, dass die Stadt, dem Art. 4 vom Tractate vom 10ten December 1808 zufolge, die Stelle der Regierung vertritt, und, anstatt es an dieser letztern wäre, d. h. an ihrem Kriegs Minister, das Miethegeld der Bette zu zahlen, und den bestimmten Abzug davon zu machen, wird es jetzt an der Stadt seyn, das Miethegeld zu berichtigen, und die gewissen Summen davon abzuziehen.

Die Beklagten sind bereit der Vollziehung des Vertrages Genüge zu leisten; und die Stadt kann sich derselben nicht entziehen.

Fährt aber die Stadt fort, sich ihrer Verpflichtungen entziehen zu wollen, so hat sie, und nicht die Beklagten, alle Folgen der Nichtvollziehung des Contractes zu ertragen, da die Nichtvollziehung von der Seite der Stadt ist.

Nachdem wir ganz unwiderleglich bewiesen haben, dass der, zwischen der Stadt und den Beklagten getroffene Vertrag weiter nichts, als ein Contract zwischen Privatpersonen ist, und seyn kann, dessen Vollziehung nicht von der Regierungsveränderung abhängt, wollen wir jetzt sehen, welche die Gesetze sind, welche die Uebereinkünfte zwischen Privatpersonen angehen, und wie dieselben aufgelösst werden können. Kann das aber nur bezweyfelt werden? dergleichen Uebereinklünfte können nur mit der einmüthigen Einwilligung der Contrahenten aufgehoben werden.

« Die Uebereinkunft, heisst es im rom: Gesetze, ist die Einstim-
» mung zweyer oder vieler Personen, unter sich eine Verpflichtung
» einzugehen, eine vorhergehende auf zuheben, oder sie abzu-
» ändern. »

So lautet auch der französische Civilcodex Art. 1101.

In der That, jede Uebereinkunft bewirckt eine vollkommene Verpflichtung. Eine bürgerliche Sache setzt immer voraus, und erfordert auch natürlich Redlichkeit und Gewissenhaftigkeit, und ihren angewiesenen Urkunden und Attestaten nach sind die Eigenthümer ihrer Seits, allen ihren Verbindlichkeiten nachgekommen. Ihr Betragen, in dieser Rücksicht, ist rein und untadelhaft. Sie sind alsdenn zur bürgerlichen Einklage gegen die Stadt Magdeburg befugt, welche ihnen keineswegs die neuern Ereignisse einwenden kann. Diese Ereignisse können nicht im geringsten die von der Stadt eingegangenen Verbindlichkeiten abändern, deren Vollziehung, sobald sie einmal bewilligt sind, nicht mehr gestört werden darf.

Der Art. 1134, des Civilcodex lautet:

« Die gesetzlich gemachten Uebereinkünfte sind gesetzgeltend » für diejenigen, welche sie eingegangen.

» Sie können nur mit jener Einwilligung oder durch, vom Gesetz » befugte Ursachen wiederrufen werden.

» Sie sollen treulich vollzogen werden.

» Art. 1135. Sie verpflichtet nicht allein zu dem, welches darin » ausdrücklich angeführt ist, sondern auch zu allen Folgen welche » Billigkeit, Gebrauch oder Gesetze der Verpflichtung, ihrer Natur » gemäss, geben. »

Ueberhaupt müssen alle rechtmässige Verpflichtungen, welche die Menschen untereinder abschliessen, beständig, unwiederruflich und frey seyn.

Sie werden, in ihrer Vollführung nöthig und heilig, wenn diejenigen, welche sie abgeschlossen, wie wirklich die Contrahenden alle, von den Gesetzen erforderliche Eigenschaften besitzen, sich durch dergleichen Contracte zu verpflichten.

Wenn man die Grundsätze aller Gesetzgebungen nachschlüge, würde man nichts finden, welches die Stadt Magdeburg ihrer Verbindlichkeiten sich zu entziehen, berichtigen könnte.

Man kann den Eigenthümern weder Arglist, noch Gefährde zutrauen. Als sie mit der Stadt contrahirten, war es ihnen erlaubt, sich gegen alle Fälle vorzusehen; und in dieser Absicht haben sie verlangt, dass, nebst den ihnen eingelieferten Interessentragenden Obligationen, eine gleiche Anzahl Obligationen, dem Maire von Cassel eingelegt werde, um zur Versicherung zu dienen, wenn die westphäliche Regierung nicht zahlen sollte.

Die Stadt hat in diesen Punckt des Contractes eingewilligt, und hat sich sogar verpflichtet, den Eigenthümern zu zahlen, im Falle solches nicht von Seite der Regierung geschehen sollte.

Die Eigenthümer haben aber nicht, im Gegentheile, der Stadt für die Rückzahlung ihres Vorschusses gehaftet.

Dem beygefügten Tractate vom 19ten März 1809 zufolge, sind die Contrahenden übereingekommen, dass der Minister jedes Vierteljahr den Eigenthümern eine nehmliche Summe von ihrem Mietbegelde zurückhalten sollte, als der Betrag jeder, von der Stadt unterschriebene Obligation ausmacht, und anstatt, dem Vergleich vom 10ten December 1808 gemäss, von den Eigenthümern die Rückzahlung ihres Vorschusses, bis völlige Entrichtung, zu erhalten, sollte nun die Stadt *recta* vom Minister befriedigt werden. Dieser Vergleich ist ein Grundgesetz für die Contrahenden, macht aber die Eigenthümer zu nichts gegen die Stadt anheischig. Sie stehen nur für ihre eigene Versprechungen, für das welches authentisch in ihrem Contracte eingeführt ist, und für die auf Recht und Billigkeit gegründeten Folgen desselben.

Wenn sich einer, in den Streitigkeiten, welche vom unglücklichen Erfolge dieses Geschäfts entstanden sind, mit Recht beklagen kann, so sind es sicher die Eigenthümer, welche, da sie die zugetragenen Ereignisse nicht voraussehen konnten, sich blindlings in eine Unternehmung einliessen, die, im geraden Laufe der Dinge, ihnen, wo nicht einen beträchtlichen Gewinnst, doch wenigstens eine gesicherte Anlegung ihrer vorgestreckten Capitalien darbot. Bald aber, als die

Stadt Magdeburg, den versprochenen Vorschuss von 79,800 Thaler nicht baar, sondern in Oligationen liefern konnte, auf welche, um sich die nöthigen Gelder zu verschaffen, die Eigenthümer, in deren Verhandlung mehr als 30 p.% verlieren müssten, hatten sie die Einsicht, wie sehr sie sich verrechnet hatten.

Nach den so ausführlich vorgetragenen, auf die existirenden Gesetze gestützten Gründen, wird man es nicht mehr in Zweyfel zi hen können, dass die Stadt sich den Verbindligkeiten, welche sie sich gegen die Eigenthümer auferlegt, weder, entziehen, noch davon befreyen kann; dass die eingegangenen Verpflichtungen, wie Tractate unter Privatpersonen betrachtet werden müssen; dass keine Macht den Fortgang der Vollziehung des Contractes hemmen kann, und, dass sogar die Auflösung der Regierung, unter deren Schutz die Contracte geschlossen worden sind, nicht den geringsten Einfluss darauf zu haben vermag, um einen Mitkontrahenden seiner Verpflichtungen loszuschlagen.

So haben die Beklagten sich auf diesen unstreitigen Grundsatz lehnend, die Rechnung von allem, so ihnen die Stadt schuldig ist, aufgesetzt. Aus dieser Rechnung, welche gegenwärtigem Memoire beygefügt ist, erhellet, dass: anstatt dass die Eigenthümer der Stadt die Summe zu entrichten haben, velche diese fordert, ist sie ihnen 98,004 fr. 53 c. schuldig (*Siehe* Tableau n.° 2).

Wir wollen aber jetzt den Fall setzen, dass, wider alles Vermuthen, die Stadt gerichtlich, oder auf sonst eine Art, die Aufhebung ihres Contractes mit den Eigenthümern, erlange, und dass folglich diese, für das, zur Errichtung der Bette, vorgeschossene Geld, mit ihr Rechnung halten müssten: so wird die Stadt nie sich weigern können, den Eigenthümern, bis der Ausspruch dieser Aufhebung Statt gehabt, die Zahlungen, welche ihnen von der Regierung zukommen, abzutragen. Besonders aber würde die Stadt, in keinem Falle, die Summen, die sie unmittelbar von der Regierung, für die vierteljährige Abzüge, so diese den Eigenthümern macthe, erhalten sollte, ihnen anfordern können. Vermöge des nachgetragenen Vergleichs vom 19ten Märtz 1808, hat die Stadt bewilligt, und die Eigenthümer dazu verpflichtet, dem Minister die Summen unter Händen zu lassen, welche er vom Miethegelde abziehen sollte.

Indem sich die Eigenthümer die obgedachten Abzüge machen liessen, sind sie ihren Verbindlichkeiten gegen die Stadt nachgekommen, und befanden sich ihrer Schuld befreyt, sobald sie in der Rechnung, welche sie am Ende jedes Vierteljahres dem Minister einreichten, diejenigen Summen welche ihnen abgerechnet, und der Stadt zugestellt werden sollten, in ihr Debet übertragen haben.

Die Stadt gestehet in ihrer Anzeige vom 12ten August 1815 selbst ein, dass sie vom Minister, für den Betrag dieser Abzüge, Mandate auf Herrn Plock erhalten habe : nur aber sie sagt, dass dieser solche nicht abgetragen hat, und, daher will sie die Eigenthümer angreifen, welchen diese Abzüge, deren Betrag der Minister ihr gutgeschrieben, und dafür Mandate auf Herrn Plock gereicht hat, gemacht worden sind.

Diese Mandate sind unverwerfliche Beweise, dass die Eigenthümer, zufolge des Vergleichs vom 19ten März 1809, der Stadt, in Händen des Ministers, letzterer Bevollmächtigten, was sie ihr schuldig waren, entrichtet haben. Sie waren denn damals ihrer Schuld entschlagen, und hat diese einen Regress, so muss sie ihn wider ihren Bevollmächtigten, aber keinerley Massen wider die Eigenthümer gebrauchen, welche man unmöglich die nehmliche Summe zwey mal zu bezahlen, nöthigen kann.

Da der Minister im Soldo bis Ende des 3ten Quartals 1813, den übereingekommenen Abzug wäharend dieser drey Quartale für die Stadt Magdeburg abrechnete : so muss der Betrag dieser Summen den Eigenthümern gutgeschrieben werden, und von dieser Zeit an bis zum Ausspruch der Aufhebung des Vergleichs, wenn solcher, wider Vermuthen, statt haben sollte, muss die Stadt den Eigenthümern alle Summen berichtigen, welche diesen vom Minister zukommen, sie kann aber nun selbst die Summen abziehen, welche der Minister abziehen würde, wenn er die Zahlung machte.

Zu diesen Summen muss die Entschädigung für die Abschaffung geschlagen werden, im Falle der nicht vermutlichen Aufhebung, Kraft des Art. 32, im Vergleiche vom 10ten Januar 1808, und wiederholt im Vergleiche vom 14ten August 1811, Art. 45, Tit. 1, Sectio 6.

In dieser Voraussetzung haben die Eigenthümer die besagte Rechnung abgeschlossen, laut derselben, die Stadt ihnen 79,6 3 fr. 42 c., nach Soldo des von der Stadt gemachten Vorchusses, schuldig ist. (*Siehe* Tabelle n.° 3).

Es ist auch zu bemercken, dass, obschon der Artickel des Vergleichs zwischen der Regierung und den Eigenthümern, welcher ihnen das Miethegeld von einem Jahre als Entschädigung im Abschaffungsfalle der Bette, gestattet, den Eigenthümern vortheilhaft zu seyn scheint, haben sie diese leichte Entschädigung nur deshalb angenommen, weil sie dabey die Befugniss halten, während der Zeit des Vertrages von den nehmlichen Betten in allen andern Städten des Königsreichs, Gebrauch zu machen. Hätten sie aber die Ereignisse, welche sich seither zugetragen, voraussehen können, so hätten sie sicher, um eine stärkere Entschädigung angehalten : indem sie unmöglich, aus den, auf ihrer Rechnung gebliebene Betten, das nehmliche Geld mehr hätten lösen können, als die Errichtung derselben gekostet hat.

Wenn alsdenn die Stadt Forderungen zu machen hat, so hat sie nur das Recht an die westphälische Regierung sich zu wenden, aber nie an die Eigenthümer, um zu den Betrag ihres Vorschusses wieder zu gelangen, weil selbige, unmittelbar von der Regierung die Abzahlung zu erhalten, vorgezogen hat, welche ihr die Eigenthümer machen sollten. Durch diesen Vorzug, welchen sie darin der Regierung gegeben, hat sie, in dieser Rücksicht, die Eigenthümer von allen Verpflichtungen frey gesprochen. Die Letztern haben allen Verbindlichkeiten, die ihnen noch abgelegen haben, erfüllt, da sie jedes Quartal den abgeredeten Abzug für die Stadt, in den Händen des Ministers zurück liessen.

Uebrigens musste es sicher den Eigenthümern gleichgültig seyn, ob man ihnen den Betrag der, von der Stadt ausgestellten, Obligationen abzöge, oder ob sie selbigen selbst an die Stadt entrichteten, und vom Minister ihre volle Bezahlung erhielten.

Allein, diese dem Contracte angehängte Klausel, ist den Eigenthümern um desto vortheilhafter, dass sie die Bürgschaft, welche die Stadt den Eigenthümern aufdringen will, lächerlich macht. Wird sie behaupten können, dass die Summen, welche der Minister den letztern abgezogen, ihr die Eigenthümer zustellen sollen, weil ihr solche vom Minister nicht eingehändigt worden?

Diese vom Minister und dem Präfecten des Elbdepartements bestätigte Uebereinkunft, ist von allen Kennzeichen des Contractes versehen, worinn alle Sicherheiten für die beyderseitigen Contrahenten getroffen worden sind. Die Kasernements Effecten sind die Gewährschaft, welche die Eigenthümer geleistet haben, und die Attestate, welche ihnen von den behörigen Obrigkeiten ausgeliefert worden sind (*Siehe* Pièces justificatives, page 121 et 122), beweisen augenscheinlich, dass sie alle ihre Pflichten, sowohl gegen den Minister, als gegen die Stadt, erfüllt haben. Es ist aber auch bewiesen, dass sich die Stadt, was sie betrifft, dazu verbunden hat, den Eigenthümern, im Falle die Regierung nicht zahlte, Genugthuung zu leisten.

Die Stadt hat sich also für die Regierung in allen deren Verpflichtungen, verbindlich gemacht, allein, die Eigenthümer sind und können auch nicht, für die zwischen der Regierung und der Stadt übereingekommenen Artikel, Bürge seyn.

Ohne Rücksicht auf den übermässigen Vortheil zu nehmen, welchen die Stadt von der Errichtung der Bette zog, will sie die Ereignisse, welche sie allen Angriffen von Seiten der Eigenthümer zu überheben scheinen, nun benutzen, und, ihren heiligen Versprechungen ungeachtet, will sie sich jetzt die Regierungsveränderung zu ihrem Vorteil bedienen, um die Eigenthümer, deren Rechte sie nicht läugnen kann, anzuhalten, ihr, für ihre vorgeschossene Gelder Rechnung abzulegen, als ob die Eigenthümer, in ihren mit der Stadt getroffenen Vergleichen, auf irgend eine Art, sich dazu verstanden hätten, den Vorschuss, welchen sie anfänglich zur Errichtung der Bette, erhalten hatten, von ihrem eigenen Gelde wieder zurückzuzahlen. Die Stadt behauptet asldenn zu gleicherzeit, sich von allen heiligen und feyerlichen Verbindlichkeiten, welche sie in ihrem Vergleiche mit den Eigenthümern, vom 10ten December 1808, und in der beygefügten Acte vom 19ten Märtz 1809, auf sich genommen hat, zu befreyen, den Eigenthümern hingegen neue Verpflichtungen aufzulegen, zu welchen sie sich nie verstanden haben.

Man lese mit einer genauen Aufmerksamkeit alle Vergleiche, welche die Eigenthümer unterschrieben haben, sowohl diejenigen mit der Regierung, als diejenigen mit der Stadt: so wird man nicht finden könen, dass sie sich irgendwo verpflichtet haben, den von dem Minister, und den von der Stadt gemachten Vorschuss von ihrem eigenen Gelde zurüchzuzahlen; man wird nur finden, dass sie eingewilligt haben, solchen, vermittelst der von ihrem vierteljährigen Miethegelde und *Prime d'occupation* abgezogenen Summe, zu entrichten.

Durch die besagte Rechnungen ist bewiesen, dass der Minister sowohl als die Stadt, dieser Zurückzahlung sicher seyn konnten, und, wären sogar die Bette das ganze Quartal nicht benutzt worden, welches unmöglich, so kann ihnen doch, wenn nicht die *Prime d'occupation*, doch aber der Miethelohn, zu welchen in Magdeburg allein den abgeredeten Abzug um 4,483 fr. 63 c. übertraf, und man kann davon schliessen, dass die Summen, welche sie vom Minister für den Miethelohn der Bette in den andern Städten zu erhalten hatten, noch weit beträchtlicher seyn mussten, indem der Minister nur 50 fr. für Bett, anstatt die Stadt 120 fr. Beysteuer vorgeschossen hat.

Der Minister und die Stadt haben also, jeder was ihn angehet, eingewilligt, die Eigenthümer zu keiner andern Zurückzahlung der vorgestreckten Gelder anzuhalten, als quartalweise ihnen von ihren zukommenden Zahlungen gleiche Summe abzuziehen, bis völligen Abtrag des Vorschusses, und die Stadt, welche, den Art. 4 ihres Vertrages im Art. 5 wiederholt, zufolge, die Verbindlichkeit sich aufgelegt hat, den Eingenthümern die Zahlungen, welche die Regierung nicht abtragen sollte, zu vergüten, hat dato noch das Recht, von diesen Vergütungen, welche sie den Eigenthümern schuldig ist, die gehörigen Abrechnungen zu machen. Sie kann aber nicht darauf bestehen, dass die Eigenthümer den Vorschuss von ihrem eigenen Gelde entrichten müssen, da jene sich nie dazu verpflichtet haben.

Es ist auch zu bemercken, dass, ausser den im Contracte zwischen der Stadt Magdeburg und den Eigenthümern festgesetzten 2200 Betten, die letztern ihrem Vergleiche mit dem Minister, vom Januar 1808 gemäss, daselbst noch 1200 errichtet haben, welches das Total der in Magdeburg befindlichen Bette auf 3400 erhebt.

Also haben wir diese 3400 Bette unter zwey verschiedenen Verhältnissen zu betrachten, das zwischen dem Kriegs Minister und den Eigenthümern, für die gleich im Anfange errichteten 1200 Bette und Geräthe, und die 2200 Bette, vermöge des seither getroffenen Vertrages zwischen der Stadt und den Eigenthümern.

Diese letztern sind allen ihren Versprechungen, sowohl gegen die Regierung, als gegen die Stadt nachgekommen. Die zwey andern contrahirenten Partheyen, d. h. die Regierung und die Stadt Magdeburg, haben wider die Eigenthümer, nicht die geringste Klage führen, noch irgend eine Uebertretung vorwerfen können. Sie haben ihrer Pflicht genuggethan, und konnten nur nach der gänzlichen Vollziehung der verschiedenen Contracte, Ende 1817, die Hoffnung hegen, ihre ausgelegten Capitalien, wieder erhoben zu haben. Es ist leicht, sich dieser Wahrheit zu überführen, wenn man nur bedenckt, dass ihnen ein vollständiges Bett auf 120 fr. zu stehen kam, und dass die Regierung ihnen, für ein Bett nicht mehr als 50 fr. vorschuss, welche in der Folge auf 48 fr. herabgesetzt, gestattet hat. Ihr Ausgesetztes ist alsdenn zwischen 70 und 72 fr., welches eine sehr beträchtliche Summe ausmacht, wenn man die grosse Anzahl Betten und halbe Fournituren, die sie errichtet, in Betracht ziehet, und welche noch jedes vierteljahr beträchtlicher ward, durch die Abzüge, so der Minister für den Abtrag des Vorchusses machte.

Die Stadt ist den Eigenthümern für alle Summen, welche diese mit Recht der Regierung anfordern können, Rechnung schuldig, d. h. die Zahlungen für die in Magdeburg errichteten Bette. Ohne nicht gar der Gewissheit zu wiederstehen, wird man sich dieser Gerechtigkeit nicht entziehen können, während dem Daseyn der westphälischen Regierung, und dem Besitz der Betten, nehmlich bis die Stadt den König : Preussischen Truppen übergeben worden ist. Man wird auch nicht das Miethegeld eines Jahres versagen können, für die Entschädigung der Abschaffung, so wie es im Art. 45, des Vergleiches zwischen dem Minister und den Eigenthümern festgesetzt ist.

Will die Stadt sich den Tractat vom 14ten August 1811, zwischen dem Minister und den Eigenthümern zu Nutze machen, welcher ihr vielleicht gar nicht bekannt war, und welcher dem vorhergehenden Vergleich Eintrag gethan hat?

Der Vertrag vom 14ten August, ist nicht wie ein neuer Contract zwischen dem Minister und den Eigenthümern zu betrachten, sondern wie eine Zusammenschmelzung der einzelnen Vergleiche vom 10ten Januar, 28ten Februar, und 19ten März 1808, in ein einziges Heft. Der Ausdruck des Briefes vom Minister vom 20ten December 1810, beweiset auch, dass diese Vergleich nur bestätigt worden sind, und da der letzte Vergleich nicht im geringsten die vorhergehenden einzelnen Verträge ändert, so kann er auch zu keiner Schwierigkeit oder Streitigkeit Anlass geben. Der Art. 8, Tit. 5, des letzten Vertrages drückt sich deutlich genug, diess betreffend, aus, und die Stadt hat es so wohl bemerkt, dass sie, seit der Entstehung des letzten Vergleiches keine Klage geführt und keinen Einwurf darüber gethan hat.

Nach allem dem was wir oben angeführt haben, ist gar nicht mehr zu zweifeln, ob die Stadt Magdeburg verurtheilt wird, den Verpflichtungen Genüge zu leisten, welche sie sich durch den Art. 4. ihres Vertrages, und den nachgetragenen Art. vom 19ten März 1809, aufgelegt hat.

Sie gehört folglich mit ihrer ersten Anforderung abgewiesen, und zur Fortsetzung des Vertrages bis Ende 1817 verurtheilt werden, so wie zur Bezahlung der Summe von 98,004 fr. 53 c., welche den Eigenthümern bis Ende 1815, für Saldo zukömmt, laut der ausführlichen, Gegenwärtigem angehängten Rechnung.

ZWEYTE ANFORDERUNG.

Wir wollen jetzt die zweyte Anforderung der Stadt gegen die Eigenthümer untersuchen, und obgleich sie von einer neuen Gattung ist, so ist sie nicht destoweniger unrichtig. Sie behauptet, dass ihr die Eigenthümer die Summe von 18,865 fr. 43 ½ c. remittiren oder in Rechnung bringen müssen, weil sie solche der westphälischen Regierung noch zu zahlen hatten, um den Abtrag der 34,998 fr. 63 ½ c. zu berichtigen, welches der angeschlagene Betrag der in Magdeburg, als besagte Regierung von dieser Stadt Besitz nahm, gefundenen und den Eigenthümern dem Vertrag des 10ten Januars 1808 zufolge, eingehändigten Betten und Effecten, ausmachten. Diese Forderung macht sie unter dem Vorwand, dass diese Gegenstände ein Eigenthum der Stadt selbst wären.

Es ist aber mit diesen Gegenständen, wie mit allen andern, welche die Regierung den Eigenthümern, vermöge des Vergleichs vom 10ten Januar 1808 abgetreten hat. Man hat ihnen dafür alle Vierteljahr vom Miethegelde ihrer Betten, abgezogen, und es ist ihnen völlig unbekannt, was in diesem Betreff, zwischen der Regierung und der Stadt vorgegangen ist. Die Stadt ist wirklich berechtigt, ihre Einklage, diese Angelegenheit betreffend, wider die Regierung zu richten, aber nie wider die Eigenthümer. Eben so lautet auch buchstäblich der Brief, welchen Herr Kleuwitz, Kriegs-Commissair, den 12ten November 1808, an den Herr Grafen von Blumenthal, damaligem Maire von Magdeburg, geschrieben hat, nehmlich: « dass diese Gegenstände den Eigenthümern von der Regierung, anstatt baares Geldes gegeben worden sind, und will die Stadt Einspruch dagegen thun, so muss sie sich an die Regierung, und nicht an die Eigenthümer wenden (*Siehe* Pièces justificatives, page 140). »

Scheint es wirklich, dass diese Letztern, der Regierung die, von der Stadt eingeforderte Summe schuldig sind, so sind sie aber auch anderntheils, für weit grössere Summen, Creditoren von der Regierung, und in dieser Rücksicht, können sie sicher nicht wie die Schuldner der Stadt betrachtet werden : indem sie sich in dem Abschätzungs-Verbalprozesse vom 1ten May 1808 (*Siehe* Pièces justificatives, page 143), als Debitoren der Regierung bekennen.

Dieses ist der Wahrheit so angemessen, dass sich die Eigenthümer auf den Brief des Kriegs-Ministers beziehen, welchen er den 12ten August, die Forderung der Stadt, einen Abschlag von 25,126 fr. 60 c., auf die 34,998 fr. 62 c., Betrag der ganzen Abschätzung, zu erhalten, betreffend, an den Präfecten schrieb (*Siehe* Pièces justificatives, page 142).

Wir halten es nicht für gleichgültig, folgende Bemerkung zu machen.

Wir haben weiter oben die beträchtlichen Vortheile gezeigt, so die Betten, welche die Eigenthümer auf ihre eigene Kosten errichtet, und der Stadt zu Diensten gestellt hatten, bewirckt haben.

Nun wollen wir unpartheyisch den unerträglichen Verlust, welchen die Stadt den Eigenthümern zufügen will, erwägen.

Das Betragen der Stadt erstaunt desto mehr die Eigenthümer, dass sie überzeugt sind, dass der Stadt nicht unbekannt seyn kann, wie pünktlich sie ihre Pflichten, sowohl gegen die Stadt als gegen die Regierung erfüllt haben. In dieser Rücksicht brauchen sie sich vor der strengsten Untersuchung nicht zu scheuen, sogar sind sie noch bereit, ihren Dienst mit eben soviel Treue, Eifer und Ergebenheit bis am Ende der Vermietung fortzusetzen. Sehr unrecht ist es, dass die Stadt die Eigenthümer anhalten will, ihr 44,800 Thaler, als Abtrag der anfänglich zur Errichtung der Betten vorgeschossenen 79,800 Thaler, zu entrichten, da der Kriegs Minister, dem Vergleiche vom 19ten März, zwischen der Stadt und den Eigenthümern zufolge, derselben schon 35,000 Thaler abgezahlt hat, und in diesem Falle, will sie den Eigenthümern die Betten überlassen, als wenn dieselben nicht schon, laut den Klauseln ihres Contractes unaustreibliche Eigenthümer, sogar nach abgelaufener Vermiethung, davon wären.

Die Stadt ziehet nicht in Betrachtung, welchen Verlust die Eigenthümer sowohl über der Beschaffenheit der Gegenstände selbest, als über den jetzigen Umständen, welche bey weitem nich mehr die nehmlichen sind, erleiden müssten.

Wenn diese Betten und Effecten nicht mehr zu ihrer ersten Bestimmung dienen können, was für Nutzen sollen nun die Eigenthümer daraus ziehen? Keinen! So eine grosse Unbilligkeit fordern, heisst der Eigenthümer gänzlichen Untergang verlangen, anstatt sie sich diese vortheilhafte Gelegenheit sehr zu Nutz machen köntte, sintemal, vermittelst dieser Betten, sie die Bequemlichkeit hat, ein zahlreiche Garnison, ohne ihre Verwalteten zu belästigen, einzuquartieren.

Dieses sind aber die Bedingungen, welche die Stadt dem Bevollmächtigten der Eigenthümer vorgeschlagen hat, um, die den Eigenthümern angehörenden Betten, für sich zu halten, und man wird den *grossen Vortheil*, wo sie behauptet, den Eigenthümern zu gestatten, leicht schliessen können.

Sie erbietet sich nehmlich, 3500 Betten anzunehmen, und zwar 2200, welche mit dem Gelde, so sie den Eigenthümern vorgestreckt, errichtet worden sind, und 1300 von denen welche Letztere von ihrem eigenen Gelde, auf ihre Rechnung aufgerichtet hatten; nehmlich: 1500 zu 10 Thaler und 2000 zu 5 Thaler das Bett, welches im Durchschnitt ungefähr 7 ½ Thaler für ein Bett ausmacht.

Wie wir schon bewiesen haben, und wie es wirklich im Tarif, welcher dem Vertrag vom 12ten August 1811 angehängt, festgesetzt ist, kam den Eigenthümern jedes Bett auf 120 fr. zu stehen, welches beynahe 33 Thaler ausmacht. Also müssten die Eigenthümer auf jedes Bett 25 ½ Thaler verlustig werden, welches im Total der 3500 Betten, eine Summe von *Neun und achtzig Tausend zwey Hundert fünfzig Thaler* ausmacht, hier. . . . . 89,250 Thaler.

Die Stadt Magdeburg bestehet noch darauf den Eigenthümern keine Rechnung zu halten, dass diese eine grössere Anzahl als die übereingekommene 5000 Mann starke Garnison, logirt haben: jedoch ist es bestimmt, dass dieser Ueberschuss auf ihr gelegen wäre. Die Stadt hat die Billigkeit dieser Schuld schon anerkannt, indem sie ordentlich die Abrechnungen der vorigen Quartale abgetragen hat, und hat auch 791 fr. 90 c., Abschlag auf die sechs Quartale, welche nun im Einspruch sind bereits gezahlt. Dieser Ueberschuss für die sechs letzten Vierteljahre, beläuft sich: die vier Quartale 1813 und zwey ersten 1814 laut der, der Stadt eingereichten Rechnung, auf 22,737 fr. 41 c. oder. . 6,225 «

TOTAL. . . . . . . 95,475 »

oder 348,722 fr. 43 c.

Dieses sind die Belohnungen, welche die Stadt den Eigenthümern für die wichtigen Dienste, welche sie ihr geleistet haben anbiethet; dieses sind die Entschädigungen, welche sie den Eigenthümern verheisset, wenn solche die Aufhebung der Miethe eingehen wollen; Aufhebung, welche die Stadt, gegen alle Rechte glaubt fordern und erhalten zu können. Wir getrauen es uns aber frey heraus zusagen, dass dieselbe, in ihren ungerechten Ansprüchen, sehr seltsam irret.

Alle diese augenscheinlich dargethahenen Wahrheiten, beweisen, dass wenn einer Schaden erlitten hat, in seinen Hoffnungen getaüscht vorden ist, seine Haabe in Zerrüttung sieht, so sind es einzig und allein die Eigenthümer, deren, von ihnen hergestellten Effecten, seit geraumer Zeit, um so zu sagen, verlassen sind.

Dieser tägliche, auf tausenderley Arten verursachte Verlust, theils vorausgesehen, und theils nicht vorausgesehen, fügt den Eigenthümern einen wircklichen Schaden, einen sehr beträchtlichen Verlust zu, und ohne derselben unglückliche Lage, und Betragen gegen die Stadt, deren Behörden nicht umhin konnten, ihnen davon ein feyerliches und authentisches Zeugniss abzulegen (*Siehe* Pièces justificatives, pages 121 et 122), in Rücksicht zu ziehen, verfährt jetzt die Stadt mit ihnen auf eine Art, die nicht allein dem allgemeinen angenommenen Gebrauch, sondern auch der Gerechtigkeil und Billigkeit zuwieder ist.

Das Betragen der Stadt, welches so öffentlich ihren Verbindlichkeiten wiederspricht, versetzt die Eigenthümer in die unangenehme Nothwendigkeit, ihre Rechte mit aller Standhaftigkeit und allem Nachdruck zu behaupten, welche denjenigen erlaubt sind, deren Gut so ungerecht verletzt wird, und für welche ihr untadelhaftes Betragen, und die Pünktliche Erfüllung der förmlichsten und heiligsten Contracte spricht. In der Hoffnung, dass sie sich nicht genöthigt sehen, das Aüsserste zu ergreifen, um sich Recht zu verschaffen, können die Eigenthümer dem Tribunale nicht genug wiederholen, dass die existirenden Verträge für die Contrahenten, gesetzkräftig sind, und dass sie die Stadt Magdeburg wie jede andere Privatperson verbinden.

Die Beschaffenheit dieses Vergleiches, die Eigenschaften der Contrahenten, welche ihn unterschrieben, die Umstände die ihn begleitet haben, und die Vollziehung welche er schon erhalten, beweisen genugsam, dass es unmöglich ist, eine festere, ehrwürdigere und heiligere Verpflichtung zu finden.

Unrechtmässig also will die Stadt Magdeburg unter dem Scheingrunde, dass die Regierung aufgelösst sey, sich von den Verbindlichkeiten befreyen, die sie sich freywillig aufgelegt hat.

Hat sie Einsprüche zu thun, Anforderungen zu machen? so hat sie alle Mittel dazu; sie kann die Regierung angreifen, welche allein die Umstände benützt hat. Ist die westphälische Regierung nicht mehr vorhanden, so ist ihr eine nicht minder gerechte und billige, nachgefolgt.

Uebrigens, da die Eigenthümer der Gerechtikeit ihrer Sache sich bewusst sind, sehen sie mit ruhiger Zuversicht dem Ausgange entgegen. Die deutsche Justitz ist von jeher vernannt gewesen.

Wenn die politischen Ereignisse die Stadt Magdeburg in eine bessere Lage, als die Beklagten versetzt hat, so schwächet das nicht der letztern Rechte, und macht, im Gegentheil, ihre Lage rührender. Die Beklagten sind völlig überzeugt, dass dieser Betracht nicht wenig beytragen wird, dass das Tribunal, vor welches sie, mit zuverlässigem Vertrauen treten, die Gründe ihrer Vertheidigung, aufmerksamer Untersuchen, und ihnen Gerechtigkeit wiederfahren lassen wird.

SUMMARIUM.

Dieses erwägend, geruhe dass Tribunal, ohne auf die ungerechten Ansprüche der Stadt Rücksicht zu nehmen, unverzüglich die Aufhebung des Arrestes, mit welchem die Stadt Magdeburg das Eigenthum der Herren Emanuel Mayer Dalmbert und Benjamin, beschlagen hat, zu verordnen, und in der Sache selbst sein Urtheil fällend, die Stadt zu verurtheilen:

1.° Zur Fortsetzung des den 10ten December 1808, zwischen ihr und den Eigenthümern abgeschlossenen Vertrags, bis Ende 1817, wohin er sich, den darin enthaltenen Klauseln und Bedingungen gemäss, erstreckt;

2.° Zur Zahlung einer Summe von 98,004 fr. 58 c., welche die Stadt den Eigenthümern laut des besagten Vertrages, für Miethezins schuldig ist; alles nach der, in gegenwärtigem Memoire angeführten Rechnung;

3.° Ferner, den Eigenthümern, jedes Vierteljahr, für den Miethezins der in Magdeburg festgesetzten 3400 Bette, und zwar, nach der, dieser Schrift angehängten Rechnung, eine Summe von 12,748 fr. 65 c. zu entrichten, im Falle die Betten während dem Quartale nicht gedient haben, und wiedrigenfalls, die *Prime d'occupation* der gebrauchten Betten, wie sie im Vergleiche mit dem Minister festgesetzt, zur obgedachten Summe zu schlagen, vorhaltlich der Stadt, selbst vierteljährlich, von diesen Summen 8,265 fr. 02 c., für die Rückzahlung, ihres den Eigenthümern gemachten Vorschusses, einzuhalten;

4.° In den Schaden und den Unkosten, welche vom besagten, im Nahmen der Stadt Magdeburg, angelegten Arrest, erfolgt sind, und zur Vergütung alles ihren andern Thätlichkeiten gegen die obgedachten Eigenthümer.

Tabelle N.° 1.

INTERESSEN, welche die Stadt Magdeburg auf die, den Eigenthümern der Militærischen Betten, als Vorschuss, eingehændigten Obligationen, zu zahlen hat, vom Tage ihrer Anstellung an, bis deren wælligen Abtrag.

VORGESCHOSSENE SUMMEN.	ZAHLUNGEN AUF ABSCHLAG. DATUM.		ZAHLUNGEN AUF ABSCHLAG. BETRAG.	BLEIBT ZU ZAHLEN.	BETRAG DER INTERESSEN.	
79,800 R.r			R.r	R.r	R.r	g.
	1809.	2.tes Quartal.	2,500	77,300	1197	»
		3.tes	2,500	74,800	1159	12
		4.tes	2,500	72,300	1122	»
	1810.	1.tes Quartal.	2,500	69,800	1085	12
		2.tes	2,500	67,300	1048	»
		3.tes	2,500	64,800	1010	12
		4.tes	2,500	62,300	973	»
	1811.	1.tes Quartal.	2,500	59,800	935	12
		2.tes	2,500	57,300	898	»
		3.tes	2,500	54,800	859	12
		4.tes	2,500	52,300	822	»
	1812.	1.tes Quartal.	2,500	49,800	784	12
		2.tes	2,500	47,300	747	»
		3.tes	2,500	44,800	709	12
		4.tes	2,500	42,300	672	»
	1813.	1.tes Quartal.	2,500	39,800	634	12
		2.tes	2,500	37,300	597	»
		3.tes	2,500	34,800	559	12
		4.tes	2,500	32,300	522	»
	1814.	1.tes Quartal.	2,500	29,800	484	12
		2.tes	2,500	27,300	447	»
		3.tes	2,500	24,800	409	12
		4.tes	2,500	22,300	372	»
	1815.	1.tes Quartal.	2,500	19,800	334	12
		2.tes	2,500	17,300	297	»
		3.tes	2,500	14,800	259	12
		4.tes	2,500	12,300	222	»
	1816.	1.tes Quartal.	2,500	9,800	184	12
		2.tes	2,500	7,300	147	»
		3.tes	2,500	4,880	109	12
		4.tes	2,500	2,300	72	»
	1817.	1.tes Quartal.	2,300	»	34	12
			79,800		19,710	»

TABELLE N.° 2.

ERSTE RECHNUNG.

DIE Stadt ist für Unterhaltung und *Prime d'occupation*, während dem vierten Quartal 1813, dem ersten und dem zweiten 1814, schuldig, das heisst, seitdem der Kriegs-Minister aufgehört hat zu zahlen, bis zur Uebergabe der Stadt an die König : Preuss : Truppen, während welcher Zeit der Dienst, durch die Sorgfalt und Auslagen der Eigenthümer, nicht weniger fortgestzt worden ist;

NEHMLICH:

		fr.	c.	fr.	c.
MIETHEZINS.	Für 3400 Betten, zu 3 fr. 3 c. $\frac{3}{4}$	10,327	50	12,748	65
	Für 370 halbe-fournituren, zu 2 fr. 2 c. $\frac{1}{2}$	749	25		
	Für Geræthe auf 3770 Betten, da die halbe-Fournituren für vollstændige Betten zæhlen, zu 25 c. für ein Bett	942	50		
	Für die Magazine, für 3400 Betten. Für 370 halbe-Fourni-turen, drey für zwey vœllige gerechet, 247 B. } 3647, zu 20 c.	729	40		
PRIMES d'occupation.	Für 2500 Betten (der Ueberfluss ist ein besonderer Artikel, auf die Rechnung der Stadt) zu, 2 fr. 80 c. für ein Bett	7000	»	8,250	»
	Für die Geræthe, zur nehmlichen Anzahl Betten, zu 50 c.	1250	«		
	TOTAL vierteljæhrig zu zahlen			20,998	65

ABZURECHNEN.

Der Abzug, welchen die Stadt für die Rückzahlung ihres Vorschusses zu machen hat, macht vierteljæhrig	8,265	02
HAT die Stadt noch vierteljæhrig zu zahlen	12,733	63
12,733 fr. 63 c. für ein Quartal, macht für die drey besagten Quartale.	38,200	89

	fr. c.
Uebertrag.........	38,200 86

Item. für die folgende Quartale, nehmlich: die zwey letzten von 1814, und die vier von 1815, wo die Betten nicht benutzt worden sind, hat die Stadt nur den Miethezins abzutragen, macht nach den angeführten Rechnungen, vierteljæhrig aus.................. fr. c. 12,748 65

Worauf sie ebenfalls den Abzug zu machen hat...... 8,265 02

Bleibt vierteljæhrig zu zahlen.... 4483 63

Macht für die obgedachten Quartale.............. 26,901 78

Die Stadt ist noch schuldig, für die Betten so zu mehr als 5000 Mann gedient haben, welche, der Entscheidung des Ministers gemäss, die Stadt zu berichtigen hat. Diese Schuld ist um somehr anerkannt, als die Stadt die verflossenen Quartale pünktlich entrichtet hat, und dass sie sogar einen Abschlag auf die sechs Quartale, welche jetzt im Wiederspruch sind, vorausgezahlt hat, nehmlich:

			fr. c.	
1813....	1.tes	Quartal.	3,350 10	
	2.tes	—— . .	3,987 80	
	3.tes	—— . .	4,795 37	23,529 31
	4.tes	—— . .	3,688 66	
1814....	1.tes	—— . .	3,853 69	
	2.tes	—— . .	3,853 69	

Worauf sie dem Director Levot, als Abschlag bezahlt hat.......................... 791 90

Bleibt . . 22,737 41 ci. 22,737 41

Die Stadt muss des Ministers Stelle, für die Zahlung der drey ersten Quartale 1813, verhaltnissmæssig mit den 3400 in der Stadt befindlichen Betten, vertreten. Dieser Saldo betrægt sich auf, nehmlich:

1.tes	Quartal.	7,656 44	
2.tes	—— . .	5,467 63	37,406 03
3.tes	—— . .	24,281 96	

Macht für die drey Tausend vier Hundert in Magdeburg gestellten Betten...................... 10,164 50

98,004 58

TABELLE N.° 3.

HAUPTRECHNUNG.

ANDERSEITIGER Rechnung zufolge, vermittelst der Abzüge, so wohl derjenigen die der Minister gemacht hat, nehmlich, vom 2ten Quartal 1809, bis 3ten 1813, als derjenigen welche die Stadt von eigenen Zahlungen abgerechnet hat, vom 4ten Quartal 1813 bis Ende 1815, so zusammen sieben und zwanzig Quartale ausmachen, welche, da jedes Quartal 8266 fr. 2c. abgezogen werden sollen, zusammen machen . . . . 223,155f. 54c.

Die Stadt ist für Saldo, bis Ende 1815; der ersten Rechnung zufolge, schuldig	98,004	58
Im Abschaffungsfalle, muss die Stadt noch den Miethezins der Betten, für ein Jahr abtragen, macht vierteljæhrig, laut angeführter Rechnung . . . . 12,748 fr. 20 c.		
Für die sæmtlichen vier Quartale	50,992	80
Vœllige Summen, welche die Stadt den Eigenthümen schuldig ist	372,152	92
Die Eigenthümer haben von der Stadt 79,800 Thaler preussisch Courant, als Vorschuss erhalten, machen zu 365 ¼ c. den Thaler, eine Summe von	291,469	50
BLEIBT die Stadt noch für Saldo schuldig	80,683	42

PIÈCES JUSTIFICATIVES.

MINISTÈRE de la GUERRE.

LITS MILITAIRES.

N.° 1.er

ROYAUME DE WESTPHALIE.

MARCHÉ.

NOUS soussignés JACOB BENJAMIN, Entrepreneur des lits militaires des 25.e et 26.e divisions sur la rive gauche du Rhin, demeurant présentement à Cassel, et EMANUEL MAYER, négociant de Paris, demeurant aussi présentement à Cassel, nous obligeons, envers S. E. le Ministre de la guerre, et ce, comme pour les propres affaires de S. M. le Roi de Westphalie, de fournir et entretenir tous les lits de casernes qui seront ordonnés d'établir dans les places et villes de garnison du royaume de Westphalie : le tout pendant le tems, et aux clauses et conditions suivantes :

ARTICLE PREMIER.

La fourniture et l'entretien ci-dessus désignés se feront pendant neuf ans et onze mois.

ART. II.

Chaque lit de caserne sera composé d'une couchette de bois de chêne, noyer, orme ou sapin, élevée de terre de trois à quatre décimètres, ayant de longueur, de dedans en dedans, dix-neuf décimètres, sur onze décimètres de largeur, également de dedans en dedans.

D'une paillasse de toile écrue des mêmes dimensions, garnie de dix-sept kilogrammes de paille de seigle ou froment, toile non-comprise ;

D'un matelas de pareille dimension, couvert d'une toile lessivée, et remplie de treize kilogrammes de laine bien apprêtée ;

D'un traversin ou chevet de onze décimètres de long, sur huit décimètres de tour, garni de deux kilogrammes de laine dans lequel cependant il pourra être mis cinq hectogrammes, ou au plus un kilogramme de crin ;

De deux paires de draps de toile demi-blanche, ayant de longeur vingt-huit décimètres, et dix-neuf décimètres de largeur ;

D'une couverture de laine, pesant neuve de quatre et demi à six kilogrammes, ayant vingt-huit décimètres de longueur sur vingt-deux décimètres de largeur.

Néanmoins les effets qui ne seraient pas exactement des dimensions ci-dessus, et qui seraient repris par l'Entrepreneur, continueront à servir en les mettant en bon état, jusqu'à leur remplacement, qui ne pourra se faire qu'en se conformant à ces dimensions.

ART. III.

Les draps de lits seront changés et lessivés tous les vingt jours, depuis le premier mai jusqu'au premier août, et tous les mois le reste de l'année.

Les matelas et chevets seront rebattus tous les deux ans, et les laines de déchet seront alors remplacées.

La paille sera renouvelée tous les six mois; la vieille paille sera alors rendue à l'Entrepreneur, et placée par les troupes dans l'endroit indiqué par le Commissaire des guerres.

ART. IV.

Les troupes iront prendre dans les magasins les paillasses, matelas et traversins, draps et couvertures, et les y rapporteront pour les rechanges et blanchissages, et lors de leur départ de la garnison.

ART. V.

Les Officiers chargés du détail seront tenus de se charger, par un seul récépissé, de tous les lits délivrés à la troupe, et ils en rendront seuls compte, et seront obligés de payer comptant à leur départ ce qui s'en défaudra sur les prix des estimations qui seraient, s'il en était nécessaire, faits par des experts nommés par les parties.

ART. VI.

Les troupes ne pourront se servir d'aucuns de ces effets pour se coucher ailleurs que dans leurs casernes, ni les porter au corps-de-garde, ni en aucun autre lieu, sous quelque prétexte que ce soit; elles ne pourront battre leurs couvertures qu'avec des baguettes, faire aucune entaille sur les pieds de leurs lits pour y fourbir leurs armes; poser sur leurs lits aucuns légumes, pain ou viande; s'y coucher avec leurs souliers ou bottes; faire servir leurs draps de torchons ou cendriers, ni brûler leurs bois de lits ou paillasses ou la paille de leurs paillasses; enfin, elles ne devront faire aucun dommage quelconque aux effets des lits militaires, et elles seront responsables de tout celui qui y surviendrait, soit qu'il y ait eu défaut de surveillance ou négligence de la part des Officiers et Sous-officiers, soit maladresse de quelques autres individus.

En conséquence, tout ce qui se trouvera gâté, vicié, brûlé ou pourri, sera constaté et estimé au départ de la troupe, au moyen de procès-verbaux dressés par les Commissaires des guerres, avec l'assistance d'experts, sur les réquisitions des préposés de l'Entrepreneur; et le montant de l'évaluation des pertes et dégradations, sera payé comptant par l'Officier chargé du détail, qui en fera ensuite opérer la retenue sur la solde.

AR. V II.

Lorsque les troupes prétendront que les effets à leur usage sont hors de service, elles en avertiront les préposés de l'Entrepreneur, qui iront les reconnaître pour les échanger, les cas échéant; cependant si les préposés prétendaient, de leur côté, que ces effets fussent encore propres au service, les Commissaires des guerres feront faire cette reconnaissance par des experts nommés respectivement, et au rapport desquels on se conformera.

Au surplus, les plaintes que les troupes auraient à faire à cet égard comme à tout autre, seront portées au Commissaire des guerres, qui les communiquera à l'Entrepreneur ou à ses préposés; ensuite le Commissaire des guerres prendra les ordres de l'Ordonnateur, qui statuerait, s'il y avait lieu, ou bien en rendrait compte au Ministre.

ART. VIII.

Les lits une fois placés dans les chambres des casernes, ne pourront plus être démontés ni transportés dans d'autres chambres; dans le cas cependant où le Commandant du corps jugerait ce déplacement convenable et nécessaire, il en ferait prévenir le préposé de l'Entrepreneur, qui enverrait des ouvriers pour faire cette opération, et, s'il en résultait quelques dommages ou dégâts, les frais alors en seraient supportés, outre le salaire des ouvriers, par le régiment ou bien par le gouvernement, s'il y avait lieu : dans aucun cas, les frais de déplacement des lits, par quelque cause que ce soit, ne seront à la charge de l'Entrepreneur.

ART. IX.

Il sera libre aux Entrepreneurs d'envoyer autant de fois qu'il sera nécessaire, un préposé avec des ouvriers dans les pavillons ou casernes, pour faire sur-le-champ les petites réparations qui pourront s'effectuer sans déplacement; et à l'égard des autres réparations qui ne pourront être faites qu'au magasin, le préposé de l'Entrepreneur en préviendra l'Officier chargé du détail, afin que les effets soient incontinent reportés au magasin, et échangés contre d'autres en bon état.

ART. X.

Les lits de casernes ne pourront être employés dans les hôpitaux et infirmeries du régiment.

Si néanmoins le bien du service exigeait qu'il y en fût employé, ceux qui y auraient été affectés ne pourraient jamais rentrer au coucher des soldats en santé, qu'après avoir été lavés et désinfectés, et après avoir été reconnus par experts, s'il y avait lieu, qu'il n'y a aucun danger à en faire, de nouveau, usage dans les casernes.

Ces sortes de lits seraient au surplus estimés, avant leurs délivrances aux hôpitaux et infirmeries, par des experts, nommés réciproquement par les préposés de l'Entrepreneur et les Commissaires des guerres, et il serait fait une nouvelle estimation à leurs rentrées dans les magasins, pour être, la différence en moins, payée à l'Entrepreneur, avec une indemnité, conformément à l'article 31 ci-après.

ART. XI.

Les Entrepreneurs fourniront les lits nécessaires aux salles de discipline ou chambres de police, qui seraient établies dans les casernes ou près des casernes; ils en seront payés sur le même pied et au même prix que les lits des casernes.

ART. XII.

Dans le cas des marches ordinaires ou de mouvemens imprévus, les troupes devant loger chez l'habitant, les lits militaires ne pourront servir aux troupes de passage.

ART. XIII.

La distribution des lits dans les casernes devra se faire à raison d'un lit par chacun des Sous-officiers qui doivent coucher seuls, d'un lit pour deux hommes des autres grades et pour les soldats; en conséquence, ils seront fournis sur le pied de l'effectif, d'après la dernière revue; ils seront ensuite augmentés ou diminués, suivant les besoins et les mouvemens des troupes; au moyen de quoi, l'Entrepreneur ne pourra, sous aucun prétexte, être forcé de délivrer pour les casernes un plus grand nombre des lits que celui déterminé par le présent article.

Cependant les vétérans nationaux qui, par leurs blessures et infirmités, seraient reconnus ne pouvoir coucher deux à deux, coucheront seuls, et il leur sera délivré des lits nécessaires à cet effet.

ART. XIV.

Il sera arrêté par le Ministre un état contenant le nombre de lits de casernes à entretenir dans chaque place : ce nombre sera fixé sur le pied des garnisons ordinaires; il comprendra les lits nécessaires aux gens mariés et aux chambres de police et salles de discipline; il y sera ajouté une réserve pour suppléer, en cas de besoin, à l'insuffisance de la fixation.

ART. XV.

Chacune des demi-fournitures dont il est question ci-dessus, sera composée d'une paillasse, une paire de draps, une couverture des dimensions réglées pour les lits de casernes et d'un chevet ou cas à paille de onze décimètres de longueur. Les pailles de la paillasse et du chevet seront renouvelées tous les quatre mois, pendant le temps de l'emploi des demi-fournitures; le loyer desquels ne sera payé que sur le pied de deux lits complets pour trois demi-fournitures.

ART. XVI.

Le Ministre donnera ses ordres pour que les casernes et autres bâtimens militaires, où les lits doivent être placés ou bien déposés, soient continuellement en bon état de réparation, de façon que les effets des lits ne puissent être endommagés, soit par la pluie ou autrement, et qu'il n'arrive aucune perte ni dépérissement.

Il sera donné aussi des ordres pour que les casernes soient garnies de bancs, tables, rateliers et planches à pain, afin d'éviter que les troupes ne gâtent ni détruisent les lits.

ART. XVII.

Les caserniers, concierges ou portiers, seront responsables, comme dépositaires des casernes vacantes, des bois de lits et paillasses que le préposé des Entrepreneurs y laisserait. Ils ne pourront refuser, dans aucun cas, la faculté de faire le recensement de ces effets, et n'auront droit à aucune rétribution pour raison de leur garde.

ART. XVIII.

Il sera fourni aux Entrepreneurs, pour serrer leurs effets, et pour l'exploitation de leurs services, des magasins et greniers, gratis, dans chacune des places, et, autant qu'il se pourra, le plus à portée des casernes; les gardes-magasins et proposés devront trouver un logement dans ces magasins, sinon il leur en sera donné un gratuit le plus à proximité.

Dans le cas où il y aurait des difficultés pour procurer ces emplacemens, il en sera rendu compte sur-le-champ au Ministre, par le Commissaire-ordonnateur de la division, pour y être pourvu, soit en y affectant un des bâtimens militaires, soit par la location des magasins et logemens convenables.

ART. XIX.

Les Entrepreneurs jouiront des blanchisseries et buanderies qui sont établies, et il sera donné des ordres pour qu'il soit pourvu aux réparations qu'elles exigeraient, et pour qu'elles soient bien entretenues.

ART. XX.

Les Entrepreneurs ou leurs préposés ne pourront louer ou prêter à aucun militaire, ni aucune autre personne quelconque, sous quelque prétexte que ce soit, aucuns de ces lits, ni même de ceux en réserve.

ART. XXI.

Si, par des ordres supérieurs, il fallait porter dans des villages des lits, ou si l'on en faisait établir ailleurs que dans des lieux couverts et bâtimens militaires, enfin si on leur donnait une autre destination que celle du présent traité, il serait fait un procès-verbal d'estimation par le Commissaire des guerres lors de leur enlèvement, et un pareil procès-verbal à leur rentrée en magasin, pour la différence des estimations des sorties et des rentrées, être payée à l'Entrepreneur pour leur dépérissement.

Le loyer de ces lits cesserait à compter du jour de l'enlèvement, mais il serait réglé une indemnité aux Entrepreneurs, tant pour leur tenir lieu de l'intérêt de leurs fonds, que pour les frais généraux d'administration, vu que ces frais restent les mêmes, malgré la diminution résultante de la disposition ci-dessus.

Au surplus, le transport des lits changés, comme il vient d'être dit, de destination, sera à la charge du gouvernement.

ART. XXII.

S'il était nécessaire de transporter des lits d'une place à une autre, par augmentation de garnison ou par quelqu'autre cause que ce soit, dans ce cas, le transport s'en ferait aux frais et dépens du gouvernement; desquels frais les Entrepreneurs feraient l'avance.

ART. XXIII.

Si, dans les lieux de garnison, il fallait faire porter dans les bâtimens militaires les lits que la troupe doit prendre dans les magasins, ou bien s'il fallait, à son défaut, les reporter aux magasins, les transports s'en feraient pour le compte de la troupe, à moins que par des circonstances particulières, il ne dût être supporté par le gouvernement.

ART. XXIV.

Si une des places dans lesquelles les Entrepreneurs auraient leurs magasins, était prise par l'ennemi, ou bien s'il lui survenait quelque perte par incendie, par vol, par des magasins humides, découverts et non suffisamment fermés et entretenus, ou bien par quelques autres cas prévus ou imprévus, non causés par leur fait, ou celui de leurs gardes-magasins ou commis, les effets qu'ils justifieraient avoir été perdus, leur seraient payés, de même que le montant des dégâts et dommages, d'après des procès-verbaux de reconnaissance et d'évaluation dressés par le Commissaire des guerres avec l'assistance d'experts nommés respectivement par lui et par l'Entrepreneur ou son préposé.

ART. XXV.

Tous les effets de lits militaires qui seraient découverts dans des lieux étrangers au service, ou entre les mains de personnes qui n'y auraient point de droit, ou qui n'en auraient pas donné de reconnaissance, pourront être saisis et réclamés par l'Entrepreneur, comme s'il s'agissait d'effets appartenans au gouvernement; les Commissaires des guerres interposeront leur autorité pour la remise de ces effets, et ils feront même poursuivre, par qui de droit, leur détenteur.

ART. XXVI.

Les Entrepreneurs seront mis, le plutôt possible, en possession de tous les vieux effets de casernement, appartenans au gouvernement, et existans dans les places et magasins du royaume.

Il sera fait estimation de ces effets par des experts, dont l'un sera choisi par l'Entrepreneur ou son préposé, et l'autre nommé par le Commissaire des guerres, assisté d'un Administrateur municipal.

Le montant de ces effets sera imputable sur l'avance de 50 francs par lit, stipulé à l'article 42 du présent marché, et à cet effet, il sera établi deux classes d'estimation des lits repris.

La première classe, composée des effets en bon état et prêts à servir, dont toutefois le prix estimatif sera retenu, par trimestre, sur les loyers dus à l'Entrepreneur pendant le cours de son marché, tiendra lieu de l'avance accordée pour un nombre égal d'effets neufs, réduits en fournitures complettes.

La 2.e classe, composée des effets à réparer ou hors de service, formera un capital dont également l'Entrepreneur sera redevable au gouvernement, et qui sera de même retenu, par trimestre, sur les loyers, pendant le cours du marché, et il sera obligé de fournir, sans avance, autant de bons lits que le dividende d'estimation de cette 2.e classe contiendra de fois 120 francs, valeur représentative d'un bon lit.

En conséquence, il devra, de suite, faire établir ces lits, qui feront partie de ceux fixés dans la place où la reprise d'effets a eu lieu.

ART. XXVII.

Les Entrepreneurs, comme propriétaires des lits qui leur seront remis, d'après les articles qui précèdent, n'en pourront être dépossédés à l'expiration du présent marché, qu'autant qu'ils seront remboursés par leurs successeurs, sur le pied d'estimation faite comme ci-dessus, ou sur le pied dont ils conviendront, de gré à gré, du prix de tous les effets qui leur appartiendront alors, faute de quoi, les Entrepreneurs continueraient leur jouissance ainsi qu'auparavant, et seraient payés sur le pied du présent marché.

ART. XXVIII.

Dans tous les cas de contestation entre les experts, ces experts en choisiront un troisième pour les départager; ou bien, il en sera nommé un d'office par le Commissaire des guerres : ce troisième expert étant nommé, les opérations recommenceront de concert avec lui.

ART. XXIX.

Les Ordonnateurs et les Commissaires des guerres veilleront particulièrement à l'entière exécution du présent traité, et n'apporteront aucun retard dans la vérification des dépenses et l'expédition des états, sous peine d'en être personnellement responsables.

Les Commissaires des guerres ne pourront d'ailleurs se dispenser, lorsqu'ils en seront requis par écrit, de constater et de faire estimer, par experts, les pertes, dégradations et dépérissemens extraordinaires que l'Entrepreneur éprouvera dans ces effets, pourvu, néanmoins, que les pertes, dégradations et dépérissemens ne proviennent point de son fait ou du fait de ses préposés; ce qui sera toujours relaté dans les procès-verbaux.

ART. XXX.

Les demi-fournitures, portées au tableau de fixation mentionné, sont destinées, savoir : trois sixièmes aux infirmeries régimentaires, deux sixièmes aux salles de discipline, et un sixième aux prisons de police, établies dans l'intérieur des casernes.

Les trois draps attachés à chacune des demi-fournitures destinées aux prisons de police, en seront distraits pour être affectés au service des infirmeries régimentaires, afin d'y faciliter les rechanges, au moyen de quoi, il n'en sera pas fourni dans les prisons de police.

La paille des demi-fournitures sera renouvelée tous les quatre mois; les draps seront changés et lessivés, comme il est prescrit pour le soldat.

ART. XXXI.

A défaut par le Garde-magasin d'avoir fait remplir cette formalité, les pailles seront censées être en service depuis plus de six ou quatre mois, et le renouvellement en sera exigé.

ART. XXXII.

Si le Ministre juge qu'il est utile au bien du service d'ordonner la suppression de tout ou partie des lits d'une place, comprise dans la fixation, ou ajoutée à cette fixation, l'Entrepreneur jouira, à titre d'indemnité de loyer, des lits supprimés, pendant une année, sans qu'il soit obligé de justifier de l'existence actuelle des lits, qu'il pourra faire transporter dans d'autres places, pour y servir au remplacement successif des effets devenus hors de service.

Cette année le loyer commencera à courir du premier jour du trimestre où la suppression des lits aura été notifiée à l'Entrepreneur, si cette notification a lieu dans les premiers quarante-cinq jours du trimestre; dans le cas contraire, elle ne commencera que dans les premiers jours du trimestre suivant.

Art. XXXIII.

Les corps seront toujours responsables des lits qu'ils auraient reçus en trop, ou de leur négligence à rendre dans le jour ceux devenus utiles à leur service, et ils en acquitteront comptant le prix d'occupation de la manière qui sera déterminée par le réglement mentionné. A défaut, par les parties prenantes, de solder cette dépense, le Ministre y pourvoira de la même manière qu'il sera prescrit.

Art. XXXIV.

A l'expiration de chaque année, il sera dressé un inventaire des lits militaires, entretenus dans chaque place, lequel devra être rédigé conformément au modèle qui sera arrêté par le Ministre, et joint au certificat d'existence du quatrième trimestre de l'année, pour en vérifier l'exactitude.

Néanmoins pour conserver à l'Entrepreneur les facilités qui lui sont accordées, ces inventaires n'auront point lieu pour le quatrième trimestre de la présente année, et par ce motif que l'exécution et l'établissement du service ne se fait que dans l'année courante.

Art. XXXV.

Les inventaires prescrits par l'article précédent étant également destinés à faire connaître au Ministre l'état dans lequel les lits militaires seront entretenus, et à ramener l'Entrepreneur à l'exécution rigoureuse de ses obligations; dans le cas où il s'en écarterait, les Commissaires des guerres devront le faire eux-mêmes dans toutes les places de leur arrondissement, et y apporter le plus grand soin, toutefois lorsque les besoins du service l'exigeront impérieusement; ils seront autorisés à se faire remplacer par les maires des communes, qui, dans ce cas, se conformeront à ce qui sera prescrit.

Art. XXXVI.

Les Entrepreneurs recevront pour les lits qu'ils auront entretenus, pourvu toutefois que le nombre n'en excède pas, par place, celui compris dans la fixation arrêtée par le Ministre, les prix suivans :

Savoir:

Pour un lit de soldat, douze francs quinze centimes par an, ci. . . . . 12 fr. 15 cent.

Pour une demi-fourniture, huit francs par an, ci. . 8 »

Il leur sera alloué en outre une prime d'occupation. Cette prime sera attribuée au plus grand nombre des lits qui, dans chaque place, auront été occupés à la fois, dans le cours de chaque trimestre, par les troupes stationnaires : elle est fixée ainsi qu'il suit;

Savoir:

Pour un lit de soldat, à deux francs quatre-vingt-centimes par trimestre, ci. . . . . 2 fr. 80 cent.

Pour une demi-fourniture, un franc vingt-cinq centimes, ci. 1 25

Art. XXXVII.

Le montant de ce loyer sera acquitté, savoir : le prix total d'entretien, par à-compte, dans le courant du mois, et le prix d'occupation, moitié à la réception des piéces de chaque division, et la dernière moitié après liquidation.

L'escompte à payer chaque mois sera calculé d'après les derniers certificats d'existence parvenus au Ministre.

La liquidation du prix d'entretien s'opérera par trimestre et par division militaire, sur les certificats d'existence, et celle du prix d'occupation également par trimestre et par division, à la remise des pièces qui seront exigées par le Réglement; l'une et l'autre seront faites aussitôt après la remise des pièces.

ART. XXXVIII.

La liquidation des frais de transport qui pourront être dus à l'Entrepreneur, sera faite sur la présentation de l'ordre de transport donné par le Ministre ou le Commissaire-ordonnateur, au bas duquel le Commissaire des guerres aura certifié l'arrivée et le nombre des fournitures transportées, et sur la remise du procès-verbal de pesage des bois de lits, lorsque le transport en aura été ordonné.

La totalité de ces frais ne sera payable qu'après la liquidation, laquelle aura lieu à la fin de chaque exercice, et sera établie par division.

ART. XXXIX.

Si par la suite il était établi sur les dépenses de la guerre des retenues telles qu'étaient celles de quatre deniers pour livre ou deux centimes par franc, les Entrepreneurs seraient remboursés du montant des retenues qui auraient été exercées sur lui, attendu que les prix ci-dessus fixés ont été établis pour être perçus entiers et sans aucune diminution.

ART. XL.

Le service dont les Entrepreneurs sont chargés, ne pouvant être considéré comme un service de fournitures proprement dites, ils ne seront pas tenus à prendre une patente pour raison de ce service; leur caution et leurs préposés seront placés dans la même cathégorie.

ART. XLI.

Les Entrepreneurs se soumettent à ne reconnaître pour juge des contestations qui pourront survenir, que le Ministre, et, par appel, le Conseil d'état; ils pourront, s'ils le jugent convenable, imposer la même obligation à leurs préposés.

Seront au surplus exécutées, en ce qui concerne le service qui est l'objet du présent traité, les dispositions des lois et réglemens relatifs au logement et casernement des troupes.

ART. XLII.

Les Entrepreneurs s'engagent d'établir, chaque fois qu'ils recevront des ordres du Ministre, la quantité des lits qui seront fixés, dans les places qui seront indiquées, aprés un avertissement qui serait de cinquante jours, pour une quantité de mille lits, et proportionnellement, pour une plus grande quantité, dont le loyer commencere le premier du mois dans lequel les effets auront été versés dans les casernes ou magasins; et aussitôt les ordres arrivés pour l'établissement des lits, il sera délivré aux Entrepreneurs un secours de cinquante francs par lit, *soit en deniers, soit en remise d'effets, ainsi qu'il est stipulé à l'article* 26. Le montant dudit secours sera retenu aux Entrepreneurs sur le loyer, par trimestre, pendant le cours du présent marché.

A Cassel, le 10 Janvier 1808.

Signé, JACOB BENJAMIN et EMANUEL MAYER.

ARTICLES ADDITIONNELS.

Art. I.er

Les Entrepreneurs fourniront dans dix jours, c'est-à-dire, le vingt janvier présent mois, aux casernes de Cassel, cinq cents paires de draps, et huit jours après, cinq cents autres paires, dans les dimensions prescrites.

Art. II.

Tant pour l'exécution des clauses et conditions du présent marché, que pour sûreté des sommes qui seront précomptées aux Entrepreneurs, ils fourniront bonne et valable caution.

A Cassel, le 10 Janvier 1808.

Signé, Jacob BENJAMIN et Emanuel MAYER.

Je soussigné Auguste, Baron de BERLEPSCH, propriétaire et citoyen Westphalien, demeurant à Mühlhausen, me rends garant et caution envers S. E. le Ministre de la guerre, comme de mes faits, tant de l'exécution des clauses et conditions du présent marché, que des sommes qui pourraient être comptées à Messieurs BENJAMIN et Emanuel MAYER, Entrepreneurs des lits militaires du royaume de Westphalie.

A Cassel, le 13 Janvier 1808.

Signé, Baron de BERLEPSCH.

Accepté le présent marché.

Le Ministre de la Guerre,

MORIO.

ENTRETIEN
USTENSILES de CASERNES.

N.° 2.

ROYAUME DE WESTPHALIE.

MARCHÉ.

Nous soussignés Entrepreneurs des lits militaires du royaume de Westphalie, nous engageons, envers S. E. le Ministre de la guerre, à nous charger de l'entretien et des réparations annuelles à faire aux ustensiles de caserne, et ce, aux clauses, charges et conditions suivantes; savoir :

Article premier.

Son Excellence le Ministre de la guerre fera garnir les casernes de tous les ustensiles, lesquels consistent dans les objets détaillés ci-après; savoir :

CUIVRE.

Marmites.— En nombre et dimension tels que les localités l'exigeront.

FER-BLANC.

Bidons.—Un pour huit hommes, pour les chambrées.
—Un pour les corps-de-garde de police.
—Un par salle de police.

Gamelles.—Une pour huit hommes, pour les chambrées.
Lanternes.—Une au corps-de-garde.

BOIS.

Tables.—Une pour huit hommes, dans les chambrées.
—Une par chaque cuisine.
—Une au corps-de-garde.
—Une petite à tiroir, par compagnie, pour servir aux Sergent-major et Fourrier à faire leurs écritures.
Idem pour les Adjudans.

Bancs.—Un pour huit hommes, par chambrée.
—Ceux nécessaires aux corps-de-garde, suivant la force des gardes de police.

Rateliers d'armes.—Un pour huit armes, dans les chambres.
—Ceux nécessaires aux corps-de-garde de police.
—Ceux nécessaires dans les chambres des Sergens-majors, pour placer les armes des hommes absens.

Planches à pain.—Elles doivent régner dans toute l'étendue des chambres.

Tablettes.—Celles nécessaires dans les cuisines.
—Celles nécessaires dans les chambres des Sergens-majors, pour placer la coiffure des hommes absens.

Brouettes.—Une par corps-de-garde de police.
Civières.— *Idem.*
Pelles. — *Idem.*

Les rayons, tablettes, étagères et tables nécessaires dans les magasins d'habillement établis dans l'interieur des casernes, les rateliers d'armes, crochets, bondons de porte-manteau, etc.

Les établis, bancs, rayons, tablettes et étagères nécessaires dans les logemens et ateliers des maîtres Ouvriers régimentaires.

Les tonneaux à eau, dans les casernes qui n'ont point d'eau à proximité.

EN FER.

Crochets.—Quatre par lit, dans les casernes d'infanterie.
—Six par lit, dans celles de cavalerie.
—Ceux nécessaires pour accrocher les selles de cavalerie.
—Ceux nécessaires dans les chambres des Sergens-majors, pour les effets des hommes absens.

Ratissoires.—Une par chaque corps-de-garde de police.
Pioches. — *Idem.*
Scies. — *Idem.*
Chandeliers.—*Idem.*

ART. II.

Les Entrepreneurs se chargeront de faire la fourniture de ces objets, si S. E. le Ministre le désire, et alors il leur fera les fonds nécessaires à cette dépense, dont ils devront lui remettre des devis certifiés par MM. les Officiers du génie; moitié du montant des effets et ustensiles, dont la fabrication devra avoir lieu, ainsi qu'il est dit ci-après, sera, sur-le-champ, avancée aux Fournisseurs, et l'autre moitié aussitôt après qu'ils seront établis.

Se chargeant de l'établissement des effets neufs, ils se chargeront aussi des réparations à faire à ceux déjà existans, et ils fourniront de même des devis certifiés par MM. les Officiers du génie, du montant de ces réparations.

ART. III.

Soit que S. E. fasse fabriquer et réparer lui-même les effets ou ustensiles, soit qu'il en charge les Entrepreneurs, aussitôt leur existence il sera dressé, par MM. les Commissaires des guerres, en présence du préposé de l'Entrepreneur, et à dire d'experts contradictoires, des procès-verbaux estimatifs des effets et ustensiles existans, dont la remise s'opérera de suite aux Entrepreneurs, lesquels demeureront chargés de leur entretien et conservation pendant tout le cours de leur marché du 10 janvier 1808, pour l'entretien des lits militaires.

A l'expiration de ce marché, les Entrepreneurs devront faire la remise des effets et ustensiles qui leur auront été donnés à entretenir, de même valeur que celle portée au procès-verbal de remise à eux faite, et ils seront tenus de payer ce qui s'en défaudrait.

Comme aussi s'il résultait de cette dernière expertise, que les Entrepreneurs aient amélioré les effets et ustensiles à eux confiés, ce qui ne pourrait résulter que des remplacemens qu'ils auraient pu faire d'effets neufs pour ceux usés, S. E. le Ministre leur tiendra compte de la différence de plus qu'offrira alors le procès-verbal estimatif de la remise par eux faite.

ART. IV.

Il sera payé aux Entrepreneurs, par an et par lit à eux commandé par S. E. le Ministre de la guerre, et pour lequel ils devront, en conséquence, entretenir les ustensiles nécessaires, les prix ci-après;

SAVOIR:

Par lit entretenu, un franc, ci. . . . . 1 fr. « c.
Il leur sera, en outre, alloué une prime d'occupation, dont les loyers de lits serviront de base, de cinquante centimes par trimestre, ci. . « 50

Les paiemens s'effectueront de la même manière qu'il est dit et stipulé dans leur marché des lits.

ART. V.

Les Entrepreneurs n'auront droit à aucune indemnité pour raison des effets et ustensiles qu'ils entretiendront dans les corps-de-garde de police, ateliers régimentaires, magasins d'habillement et armement, chambres de police et cuisines, chambres de Sergens-majors et Adjudans, et jamais il ne sera pris d'autre base de liquidation pour les paiemens que celle de l'entretien des lits militaires.

ART. VI.

Tous les articles du marché des lits militaires, qui sont relatifs à la police, à la conservation des effets, au paiement des objets manquans ou dégradés, soit que cela provienne du fait de la troupe, ou du mauvais entretien des bâtimens, sont communs au présent marché d'entretien des effets et ustensiles; en conséquence, les mêmes formalités seront remplies à cet égard.

ART. VII.

Les concierges ou caserniers sont responsables, envers les Entrepreneurs, des objets existans dans les chambres des casernes inoccupées, et S. E. le Ministre se charge de tenir compte aux Entrepreneurs des pertes ou dégradations provenant du fait de ces concierges ; lesquelles devront être constatées, comme à l'égard de la troupe.

ART. VIII.

Enfin, tous les articles du marché des Entrepreneurs, concernant les lits militaires, seront communs au présent, de tout ce qui n'est pas contraire aux articles ci-dessus stipulés, et les réglemens militaires, invoqués dans l'instruction de S. E. le Ministre de la guerre, sur le service des lits militaires, seront exécutés à l'égard du présent.

ART. IX.

Pour garantie des effets et ustensiles à entretenir, et pour l'exacte exécution du présent traité, les Entrepreneurs engagent leur propriété des lits militaires.

Fait à Cassel, le 28 février 1808.

Signé, par procuration pour EMANUEL MAYER, Entrepreneur des lits, par SIMON MAYER, Entrepreneur des subsistances militaires, et pour J. BENJAMIN, par TRENELLE, aussi par procuration.

Approuvé par le Ministre de la guerre,

Signé, MORIO.

N.° 3.

CONTRAT ORIGINAL

Entre la Ville de Magdebourg et les Entrepreneurs des Lits Militaires, en date du 10 *Décembre* 1808.

Entre M. Léopold-Henry-Auguste, Comte de Blumenthal, Maire de la ville de Magdebourg, d'une part; et de l'autre, MM. Jacques Benjamin et Emanuel Mayer, Entrepreurs des effets de casernement pour le royaume de Westphalie, il a été convenu et arrêté, relativement au fond de la délibération de la municipalité de ladite ville, confirmée par M. le Comte de Schulenbourg Emden, Préfet du département de l'Elbe, ce qui suit; savoir:

La ville de Magdebourg s'est obligée envers Son Excellence le Ministre de la guerre, d'avancer comptant la somme nécessaire auxdits Entrepreneurs pour la fourniture des lits et autres ustensiles de casernement à une garnison de six mille hommes en cette ville, sous la condition que le montant en sera remboursé à la ville, par quartier, de trois mois en trois mois d'ici, au 1er. janvier 1818. Mais comme il serait trop onéreux pour la ville de fournir de l'argent comptant dans ces conjonctures, MM. les Entrepreneurs s'obligent d'accepter des obligations, au lieu d'avances pécuniaires; lesquelles obligations, hypothéquées sur les biens de la ville, pour sûreté de la créance, seront délivrées au nom de la municipalité par M. le Maire, et, à cet égard, il a été stipulé les articles suivans:

No. 3.

ORIGINAL CONTRACT

Zwischen der Stadt Magdebourg und den Entrepreneurs der Militair-Betten, vom 10.ten December 1808.

Zwischen den Herrn Maire der Stadt Magdeburg Herrn Leopold Heinrich August Grafen von Blumenthal, auf den Grund des durch den Herrn Präfecten des Elbe Departements Herrn Grafen von der Schulenburg Emden bestätigten Beschlusses des Municipalrathes der Stadt Magdeburg,

Einerseits,

Und dem Herrn Entrepreneur des Casernements für das Königreich Westphalen Herrn Jacob Benjamin und Herrn Emanuel Mayer,

Andrerseits,

Ist am untergesagten Tage nachfolgender Vertag errichtet und geschlossen worden:

Die Stadt Magdeburg hat sich nemlich gegen Seine Excellenz den Herrn Kriegs Minister verpflichtet, die jenige Summen, welche zur Anschaffung der Betten und übrigen Casernen Ustensilien, Behufe des Casernements einer Garnison von Sechs Tausend Mann, in hiesigen Statdt für die gedachten Herrn Entrepreneurs erforderlich ist, dergestallt baar vorzuschiessen, dass ihr der Betrag in termlichen Zahlungen von Drey zu Drey Monaten bis zum 1.sten Ianuar 1818 wieder erstaltet werden, da es aber der Stadt unter den jetzigen Umständen zu schwer fällt, das baare Geld anzuchaffen, so verpflichten sich die Herrn Entrepreneurs, statt baaren Vorschusses, Obligationen anzunehmen, welche der Herr Maire, Nahmens der Stadt ausstellt, und worin die Güter der letzteren zur Sicherheit der Schuld als Hypotheque eingesetzt werden; worüber folgende nähere Verabredungen getroffen sind:

Article premier.

La somme nécessaire pour la fourniture des lits et ustensiles de casernement à une garnison de six mille hommes ou de quelques centaines de plus, sauf la déduction néanmoins du montant des lits et ustensiles qui se trouvent déjà en service, sera payée à MM. les Entrepreneurs en obligations de ville, comme il est dit au commencement du présent contrat, et les intérêts en seront payés comptant, à raison de six pour cent, de trois mois en trois mois, à dater du jour de la délivrance des obligations, jusqu'à ce que chacune d'icelles soit libérée de la manière ci-dessous déterminée.

Art. II.

Les termes des paiemens pour ces obligations ont été réglés de la manière suivante : Douze mille rixdales seront remis à MM. les Entrepreneurs à titre d'avance, immédiatement après que le présent contrat aura été signé; un sixième du total de la somme leur sera remis, dès qu'ils auront effectué la fourniture d'un sixième des lits et ustensiles; il leur sera remis un second sixième, après la fourniture du second sixième des lits et ustensiles, et ainsi successivement jusqu'au complément de la fourniture.

Les douze mille rixdales donnés en avance seront décomptés au dernier terme des paiemens.

Art. III.

A chaque paiement, outre l'obligation principale de MM. les Entrepreneurs, laquelle détermine ce paiement avec intérêts, il sera délivré une seconde obligation de la ville du même montant, laquelle cependant ne sera pas remise aux Entrepreneurs, mais sera déposée pour leur sûreté dans le cas ci-dessus désigné. Ce dépôt sera fait, pour la pleine sûreté de deux parties contractantes,

Articel I.

Die ganze zur Anschaffung der Betten und Ustensilien des Casernements, von Sechs Tausend Mann Garnison oder einige Hundert Mann mehr, erforderliche Summe, jedoch nach Abzug des Betrags für die jenigen Betten und Ustensilien, welche jezt schon wircklich vorhanden sind, wird den Herrn Entrepreneurs in Stadt Obligationen wie sie im Eingange beschrieben worden, entrichtet, und bis zu der auf die weiter unten zu bestimmenden Weise erfolgten Auslösung jeder Obligation vom Tage der Ausstellung an, jährlich mit Sechs pro-Cent in baaren Geld verzinset, und die Zinzen in vierteljährigen Terminen abgeführt.

Art. II.

Die Terminen der Zahlungen in solchen Obligationen sind folgender gestalt regulirt: 12000 Reichsthaller, schreibe Zwölf Tausend Reichsthaller, werden gleich nach Unterzeichnung dieses Vertrags, als ein Vorschuss an die Herrn Entrepreneurs entrichtet. Ein Sechstel der ganzen Summe erhalten die Herrn Entrepreneurs, sobald ein Sechstel der Betten und Ustensilien wircklich abgeliefert ist, ein zweites Sechstel nach erfolgter Ablieferung des zweiten Sechstels der Betten und Ustensilien, und sofort bis nach vollendeter Lieferung. Die zum Vorschuss gezahlten Zwölf Tausend Reichsthaller werden bey dem lezten Zahlungs Termine abgerechnet.

Art. III.

Bey jeder Zahlung wird, ausser der über dieselbe sprechende zinsbaren Haupt-Obligation der Herrn Entrepreneurs, eine zweyte auf eben sohoch sich belaufende Stadt-Obligation ausgestellt, welche demselben jedoch nicht extradiret, sondern nur zu ihrer Sicherheit auf den unten bemerkten Fall deponirt wird. Diese Deposition soll zu vollkommener Sicherheit beider Theile, bey der Mairie zu Cassel

à la mairie de Cassel. Il ne sera point payé d'intérêts pour ces obligations, délivrées seulement en garantie.

Art. IV.

D'après l'arrangement fait entre le Ministre de la guerre et la ville de Magdebourg, celle-ci, si elle avait fourni l'avance nécessaire en argent comptant, aurait été remboursée de cette avance en paiemens partiels de trimestres d'ici au 1.er janvier 1818; les paiemens auraient été faits par Messieurs les Entrepreneurs sous la garantie du Ministre, conformément à la minute d'un contrat envoyé par Son Excellence à Monsieur le Maire, et Messieurs les Entrepreneurs auraient été payés par le Ministre, d'après le traité conclu avec lui.

Quant à ce mode d'acquittement, on s'y tient; c'est par là que s'opérera la libération de chaque obligation de la ville à l'échéance; car, en même-temps que Messieurs les Entrepreneurs recevront leur paiement de trois en trois mois, du Ministre, conformément à leur traité, Monsieur le Maire recevra de leur part, à chaque terme, en obligations de la ville, duement quittancées, sous due renonciation, une valeur égale à la somme qu'ils auraient eue à rembourser comptant à la ville, d'après les obligations par eux contractées envers le Ministre dans leur traité, si la ville avait fourni l'avance en argent comptant. Il en sera de même des obligations déposées seulement pour cause de sûreté. Dans le cas où Messieurs les Entrepreneurs ne seraient pas payés par le Ministre d'un terme quelconque, le jour de l'échéance même, conformément à leur traité, la ville de Magdebourg, dans ce cas inespéré, est subrogée aux obligations du Ministre pour le terme non acquitté, et devra le payer à Messieurs les Entrepreneurs en argent comptant; si enfin ces paiemens ne sont pas effectués par la ville, quatre-vingt-quinze jours après l'échéance respective, Messieurs les Entrepreneurs auront le droit de garder à leur disposition, et comme

erfolgen. Eine Verzinsung dieser blos zur Sicherheit ausgestellten Obligation findet nicht statt,

Art. IV.

Nach dem zwischen dem Herrn Kriegs Minister und der Stadt Magdeburg getroffenen Abkommen, würde die leztere, wofern sie den erforderlichen Vorschuss baar geleistet hätte, demselben zwischen hier und dem 1.sten Januar 1818 in vierteljährigen Termine Zahlungen zurückerhalten haben. Diese Zahlungen würden laut des von dem Herrn Minister dem Herrn Maire geschickten Entwurfs zu einen Contract, unter Garantie des Herrn Minister von den Herrn Entrepreneurs geschehen, und leztere wiederum von dem Herrn Minister, nach den mit demselben geschlossenen Contracten befriediget worden seyn.

Bey dieser leztgedachten Befriedigung hat es auch jetzt sein Bewenden, und eben duch dieselbe wird die Auslösung der jedesmal falligen Obligation der Stadt bewirkt. So wie nämlich die Herrn Entrepreneurs von drey zu drey Monaten ihre contractmässige Befriedigung von dem Herrn Minister erhalten, liefern dieselben, in jedem Termine, soviel an erhaltenen Stadt Obligationen quittirt und unter Begebung aller Ansprüche an den Herrn Maire zurück, als sie der Stadt nach den gegen den Herrn Minister zufolge ihres Contracts übernommene Verpflichtungen baar zurückzuzahlen gehabt haben würden, wofern diese den Vorschuss baar geleistet hätte.

Auf gleiche Weise wird es mit den blos zur Sicherheit deponirten Obligationen gehalten, sollten jedoch die Herrn Entrepreneurs in einen oder dem andern Termine von dem Herrn Minister, ihren Contract gemäss nicht auf dem Tage befriediget werden, so tritt in diesem nicht zu erwartenden Falle die Stadt Magdeburg für den ausgebliebenen Termine in die Verbindlichkeit des Herrn Ministers, und befriedigt darnach die Herrn Entrepreneurs durch baare Zahlungen. Wenn aber diese Zahlungen auch von Seiten der Stadt nach Ablauf von fünf und neünzig Tagen nach der Verfall-Zeit der durch

leur propriété, non seulement l'obligation principale échue sur le terme en retard, mais encore les obligations correspondantes et déposées seulement pour plus de sûreté, et seront libres de les vendre ou d'en disposer de la manière qui leur paraîtra la plus courte ou la plus convenable pour en retirer leur paiement.

Art. V.

Comme, d'après ces principes, Messieurs les Entrepreneurs n'auront la pleine propriété des obligations principales, qui leur ont été délivrées, que quatre-vingt-quinze jours après leur échéance, et comme ils ne peuvent obtenir leur paiement qu'en justifiant au Ministre, conformément à leur traité, par une quittance du paiement qu'ils auront fait de leur côté à la ville de Magdebourg, il a été convenu, pour la sûreté de deux parties contractantes, que Messieurs les Entrepreneurs déposeront chez un Notaire de cette ville l'obligation principale du terme à exiger, huit jours avant son échéance, avec leur quittance respective. Ils recevront alors de Monsieur le Maire un certificat, qui déclarera que rien ne s'oppose à ce qu'ils soient payés par le Ministre. S'ils obtiennent leur paiement en conséquence, ledit Notaire, sur leur indication, délivrera à Monsieur le Maire l'obligation déposée avec la quittance. Dans le cas de non paiement de la part du Ministre, il en sera, comme il est stipulé à l'article 4; de manière qu'après le laps de quatre-vingt-quinze jours, le Notaire leur délivrera l'obligation principale déposée chez lui, et payable au terme échu, et le Maire de Cassel leur délivrera l'obligation correspondante déposée entre ses mains pour la sûreté des parties.

den Herrn Minister zu leisten gewesenen Zahlung nicht erfolgen, so sind die Herrn Entrepreneurs berechtigt, nicht nur die auf eben diesen Termin fallig gewesene Haupt-Obligation, sondern auch die derselben correspondirende blos zur Sicherheit deponirten Obligationen, zu ihrer freyen Disposition als Eigenthum zu behalten, und sich aus beiden, durche Verkauf, oder sonst auf die kürzeste Weise bezahlt zu machen.

Art. V.

Da Hiernach die Herrn Entrepreneurs auch in Rücksicht der ihnen ausgestellten Haupt-Obligationen das volle Eigenthum, erst nach Ablauf von fünf und neüngig Tagen nach den Verfalltage derselben überkemmen, und sie wiederum ihre Befriedigung an den Herrn Minister, nach der mit demselben geschlossenen Contracten nicht anders erlangen können, bis sie eine Quittung über die von ihrer Seite geschehenen Befriedigung der Stadt Magdeburg, vorweisen, so ist zu beiderseitigen Sicherheit verabredet, dass die Herrn Entrepreneurs die jedesmalige Haupt-Obligation, acht Tage vor dem Verfalltage bei einem hiesigen Notarius nebst einer Quittung darüber ebenfalls deponiren sollen. Sie empfangen darauf vom Herrn Maire ein Certificat, dass ihrer Befriedigung von Seiten des Herrn Ministers nichts entgegen stehe. Erhalten sie diese sodann vorgeschriebenermassen würklich, so liefert der hiesige Notarius auf ihre Anzeige die deponirte Obligation nebst Quittung dem Herrn Maire aus. Im entgegen geseztem Falle aber, wird es so gehalten wie es im 4.ten Artikel bestimt ist, dergestalt, dass nach Ablauf der fünf und neunzig Tage, der Notarius ihnen, die bei ihm deponirte in den Terminen falig gewesene Haupt Obligation und die Mairie zu Cassel die derselben correspondirende zur Sicherheit deponirte Obligation zur freien Disposition aushandigt.

ART. VI.

Comme il importe beaucoup à la ville de Magdebourg que le casernement soit achevé le plutôt possible, elle promet à Messieurs les Entrepreneurs de leur accorder, dans le cas où ils auraient fourni, dans le terme de huit semaines, à dater du jour de la signature du présent acte, au moins deux mille deux cents lits, avec les ustensiles nécessaires, à compte du total de la fourniture, qui est l'objet des présentes stipulations, en sorte que rien ne pût s'opposer au casernement de six mille hommes, une prime de cinq cents rixdalers courant, qui leur seront payés comptant le jour où le terme de huit semaines sera expiré. Si, au contraire, Messieurs les Entrepreneurs n'ont pas completté la fourniture de ladite quantité de deux mille deux cents lits, même dans le terme de trois mois et demi, à quatre mois, à dater de la signature du présent contrat, comme il est fixé par le Ministre, ils encourront une amende conventionnelle de douze mille rixdalers, qu'ils seront tenus de payer à la ville, soit au moyen des obligations qu'ils en auront reçues, soit par la retenue, faite par la ville, d'obligations pour un montant égal.

ART. VII.

Messieurs les Entrepreneurs promettent finalement d'accomplir strictement toutes les obligations par eux contractées envers le Ministre, et surtout la promesse qu'ils ont faite, d'accorder la préférence aux habitans de la ville de Magdebourg, si, dans la fourniture des matériaux, es dans les divers travaux, ils offrent même qualité et même prix que d'autres.

Messieurs les Entrepreneurs demeurent strictement liés par le présent acte ; Monsieur le Maire, au contraire, se réserve la ratification de Monsieur le Préfet et du Ministre.

Art. VI.

Da der Stadt Magdeburg àusserst an der Bescheinigung des Casernements gelegen ist, so verspricht dieselbe den Herrn Entrepreneurs für den Fall, dass sie auf die gesamten Betten und Casernen Ustensilien, welche Gegenstand dieses Vertrags sind, nach Ablauf von Acht Wochen von Unterzeichnung des Vertrags an gerechnet, wenigstens zwei Tausend zwei Hundert Betten und dazu gehörigen Ustensilien abgeliefert hätten, so dass dem Casernement von sechs Tausend Mann Garnison in dieser Hinsicht nichts im Wege stehet, eine Prämie von fünf Hundert Reichsthalern in courant, welche am Tage wo die achtwöchentliche Frist zu Ende lauft, baar bezahlt werden sollen. Sollten die Herrn Entrepreneurs dagegen die Ablieferung der obbestimten Quantität der zwei Ttausend zwei Hundert Betten auch nicht einmahl in der von dem Herrn Minister bestimmten Frist, von drey und einem halben Monath bis vier Monath, von Unterzeichnung dieses Vestrags an, vollständig bewirkt haben, so verfallen dieselben in eine conventional Strafe von zwölf Tausend Reichsthaler welche sie der Stadt entweder in den von derselben erhaltenen Obligationen zurückbezahlen, oder welche die Stadt in eben solchen Obligationen für immer zurükbehält.

Art. VII.

Endlich versprechen die Herrn Entrepreneurs sämtliche gegen den Herrn Minister eingegangenen Verbindlichkeiten streng zu erfüllen, wohin besonders das Versprechen gehört, den Einwohnern der Stadt Magdeburg, wegen Lieferung der Materialien und Verfertigung der Arbeiten, wenn sie beides der Qualität und dem Preise nach, eben so wie andere liefern, den Vorzug zu gestatten.

Die Herrn Entrepreneurs sind an diesen Vertrag unbedingt gebunden, wogegen der Herr Maire sich die Genehmigung des Herrn Präfecten und des Herrn Ministers vorbehält.

Le présent contrat a été signé par les deux parties contractantes, à Magdebourg, le dix décembre mil huit cent huit.

Signés, J. BENJAMIN,
E. MAYER,
Le Comte de BLUMENTHAL.

Nous, soussigné, Directeur, Chef de l'Interprétation générale des langues, traducteur assermenté (nommé d'office par ordonnance de Monsieur le Président du tribunal civil de première instance du Département de la Seine, le 23 mars 1815, pour procéder à la traduction de la pièce cotée n.° 2569 : 1.° après prestation de serment, laquelle a eu lieu en la chambre du conseil, le 29 courant), attestons et certifions à tous qu'il appartiendra, que la pièce ci-jointe, paraphée de notre main, dont nous donnons ci-dessus la traduction, a été fidellement traduite de l'allemand en français, sans que le sens ait été altéré en aucune manière.

En foi de quoi nous délivrons la présente, à telle fin que de raison.

Paris, le 29 mars 1815.

Le Directeur en Chef de l'Interprétation générale des langues,

N.° 2569. E. NUNEZ DE TABOADA.

Vu à la Mairie du deuxième Arrondissement de Paris, pour légalisation de la signature ci-dessus apposée de M. E. Nunez de Taboada, traducteur assermenté, Directeur Chef de l'Interprétation générale des langues.

Paris, le 29 mars 1815.

Signé ROUEN, *Maire*.

Vu au Secrétariat,
Signé N. N.

Dieser Vertrag ist von beiden Contrahenten unterschrieben worden.
So geschehen den 10.ten December 1810.

J. BENJAMIN. É. MAYER.

G. v. BLUMENTHAL.

No. 4.

Traduit de l'allemand.

A Magdebourg, le dix-neuf mars mil huit cent neuf, ont comparu MM. Jacques-Benjamin et Emanuel Mayer, Entrepreneurs des lits militaires, lesquels ont déclaré consentir que le Ministre de la guerre, conformément au Mémoire de Son Excellence, en date du douze janvier, soit invité par M. le Maire, Comte de Blumenthal, à retirer la somme de 2500 thalers courants de Prusse, ou 9131 fr. 25 c. sur le prix du loyer qui leur est dû, pour les lits et ustensiles du casernement, laquelle retenue sera faite, par quartier, depuis le 1.er juillet de cette année, jusqu'au remboursement total des avances faites par la ville pour la fabrication desdits lits et ustensiles, et le montant versé à la caisse de la ville, pour leur compte; ce que les déclarans ont ratifié après lecture, et ont signé.

Signé J. BENJAMIN.
MAYER.

Fait comme ci-dessus. *Signé* NOELDECHEN, *Adjoint.*

Nous, soussigné, Directeur Chef de l'Interprétation générale des langues, traducteur assermenté (nommé d'office par ordonnance de Monsieur le Président du tribunal de 1.re instance du Département de la Seine, le 23 mars 1815, pour procéder à la traduction de la pièce cotée n.° 2569. 2; après prestation de serment, laquelle a eu lieu en la chambre du conseil, le 29 du courant), attestons et certifions à qui il appartiendra, que la pièce ci-jointe, paraphée

N.° 4.

Geschehen zu Magdeburg den neunzehnten März ein tausend acht hundert und neun.

Erschienen die Herrn Entrepreneurs des lits militaires, Herr Jacob Benjamin und Herr Emanuel Mayer, und erklärten ihre Einwilligung, dass der Herr Kriegs-Minister Excellenz in Verfolg des Schreibens S.r Excellenz vom 12.ten Januar von dem Herrn Maire Grafen von Blumenthal ersucht werde,

Von der ihnen zu zahlenden Mithe für die Casernen-Betten und Ustensilien quartaliter vom ersten July des laufenden Jahres an bis zur völligen Tilgung des von der hiesigen Stadt zur Confectionnirung solcher Betten und Ustensilien geleisteten Worschusses die Summe von 2500 Rz. schreibe zwei tausend fünf hundert Thaler in preussischen Courant oder 9,131 fr. 25 c. inne zu behalten und für ihre Rechnung an die Stadt Casse auszahlen zu lassen.

Die Herrn Comparenten haben diese ihre Erklärung nacheigner Durchlesung des Protokolls genehmigt und solches eigenhändig unterschrieben.

J. BENJAMIN.

MAYER.

G. W. O.

NOELDECHEN, *Adjoint.*

N.° 2569.—2.°
Reg. 1.er.

de notre main, dont nous donnons la traduction, a été fidellement traduite de l'allemand en français, sans que le sens ait été altéré en aucune manière.

En foi de quoi nous délivrons la présente, à telle fin que de raison.

Paris, le 29 mars 1815.

Le Directeur Chef de l'Interprétation générale des langues,

E. NUNEZ DE TABOADA.

Vu à la Mairie du deuxième Arrondissement de Paris, pour légalisation de la signature ci-dessus apposée de M. E. Nunez de Taboada, traducteur assermenté, Directeur Chef de l'Interprétation générale des langues.

Paris, le 29 mars 1815.

Signé, ROUEN, *Maire*.

Vu au Secrétariat,
Signé N. N.

N.° 5.

MINISTÈRE DE LA GUERRE.

Cassel, le 12 Janvier 1810.

J'AI l'honneur de vous prévenir, Monsieur le Maire, que le Roi vient de décider que les loyers de maisons destinées à contenir les fournitures dont la ville de Magdebourg a offert de faire les avances de l'établissement, à l'effet de se décharger des logemens qu'elle doit à la garnison, à défaut de casernes, serait à sa charge, et que le loyer de ces fournitures serait à celle de l'Administration de la guerre.

Le remboursement des avances faites aux Entrepreneurs des lits militaires, par la ville, s'opérera, par trimestre, à compter de l'époque où les lits seront en service, jusqu'au 1er. janvier 1818, au moyen des retenues que je ferai exercer sur les sommes que l'Administration de la guerre aura à leur payer, pour raison du loyer des lits qu'ils entretiennent dans le royaume, les Entrepreneurs étant propriétaires des lits, et non l'Administration de la guerre.

Veuillez, Monsieur le Maire, déterminer, de concert avec les Entrepreneurs, la quotité de la retenue qui devra être exercée chaque trimestre, et je vous adresserai un mandat de cette somme, après vérification des pièces qu'ils doivént produire à la fin de chacun dans mes bureaux, à l'appui de la comptabilité de leur service.

Quant au traité que vous avez fait avec ces Entrepreneurs, je ne puis le considérer que comme un marché de particulier à particulier, auquel je suis et dois être tout-à-fait étranger, mon intervention n'étant nécessaire, dans cette affaire, que pour assurer à la ville le remboursement de ces avances, de la manière prescrite par cette lettre.

Je donne ordre, par ce courier, au Commissaire des guerres chargé de la police de ce service à Magdebourg, de constater l'existence des lits, et de les faire entrer au service au fur et à mesure qu'ils seront établis.

J'ai l'honneur de vous saluer avec considération distinguée,

Le Ministre de la guerre,

Signé, EBLÉ.

N.º 6.

MINISTÈRE de la GUERRE.

MATÉRIEL.

1.er BUREAU.

LITS MILITAIRES.

N.º 3141.

Cassel, le 20 Décembre 1810.

A Monsieur S. Mayer Dalmbert, Entrepreneur des Subsistances, etc.

J'ai consenti, Monsieur, à votre demande du 13 de ce mois; vous voudrez bien refaire le marché, concernant les lits militaires, à votre nom, et me le transmettre ensuite, pour le revêtir de mon approbation.

J'ai l'honneur de vous saluer,

Le Ministre de la guerre,

Signé, Comte de HONE.

N.° 7.

Cassel, le 12 Août 1811.

A Monsieur le PRÉFET *du Département de l'Elbe, à Magdebourg.*

MONSIEUR LE PRÉFET,

J'AI reçu la lettre que vous m'avez fait l'honneur de m'écrire le 30 juillet dernier, pour me demander d'ordonnancer au Préfet de la ville de Madgebourg, la somme de 25,126 francs 60 centimes, qui lui est encore due pour le paiement de lits militaires et ustensiles, qu'elle a fait établir dans les casernes.

Je ne vous ai pas promis, par ma lettre du 2 février 1810, de mettre à votre disposition 6,181 francs 80 cent. par trimestre, ainsi que vous me les demandez; mais je vous ai prévenu, M. le Préfet, que, d'après une décision de Sa Majesté, les 34,998 francs montant desdits lits et ustensiles, seraient remboursés à la commune de Magdebourg, à mesure que la retenue en serait faite aux Entrepreneurs; et comme, suivant le marché desdits Entrepreneurs, cette retenue ne peut être effectuée qu'à raison d'un trente-neuvième de ladite somme, par trimestre, attendu que le marché a été passé pour dix ans, et que la remise desdits effets n'ayant été faite que dans le deuxième trimestre de 1808, il ne restait plus que trente-neuf trimestres à parcourir.

La somme à payer pour le moment n'est que de 2,692 francs 20 cent. pour les neuf premiers mois de cette année, et non de 25,126 francs 60 cent. que vous réclamez.

J'ai l'honneur de vous saluer,

Le Ministre de la guerre,

Signé, Comte DE HONE.

Pour copie conforme,

Le Secrétaire général,

Signé, FRANCUE.

N.° 8.

MINISTÈRE
de la
GUERRE.

2.e DIVISION.

MATÉRIEL.

CASERNEMENT

ROYAUME DE WESTPHALIE.

BAIL

SIMON ET EMANUEL MAYER DALMBERT,

Pour l'Établissement et l'entretien des Lits militaires, Meubles et Ustensiles de Casernes, jusqu'au 31 *Décembre* 1817.

NOUS, soussignés, SIMON et EMANUEL MAYER DALMBERT, domiciliés à Cassel, capitale du Royaume de Westphalie, nous soumettons et engageons envers Son Excellence le Ministre de la Guerre, et ce, comme pour les propres affaires de SA MAJESTÉ LE ROI DE WESTPHALIE, d'établir et entretenir les lits militaires, ainsi que les meubles et ustensiles de casernes, dans toute l'étendue du Royaume, aux clauses et conditions suivantes :

ARTICLE PREMIER.

Le présent bail d'établissement et entretien des lits militaires, meubles et ustensiles de casernes, aura son effet et durera jusqu'au 31 décembre 1817; les lits d'Officiers, lits de Soldats, demi- Durée du bail et fixation des lits.

fournitures, ainsi que les meubles et ustensiles de casernes y relatifs, consistent, à l'époque de ce jour, dans ceux portés au tableau ci-joint.

TITRE PREMIER.

Lits Militaires.

SECTION PREMIÈRE.

De la composition des Fournitures.

ART. II.

Composition d'un lit d'Officier.

Les lits d'Officiers seront à baldaquin, et auront de dix-neuf à vingt décimètres de hauteur.

La couchette sera élevée de terre de trois à quatre décimètres, et aura dix-neuf décimètres et demi de longueur, sur neuf décimètres trois quarts de largeur de dedans en dedans.

Le ciel sera de forme demi-circulaire, et le lit sera garni d'une housse de siamoise, toile peinte, ou autre étoffe équivalente;

D'une paillasse de toile lessivée, ayant de dix-neuf à vingt décimètres de longueur, sur neuf décimètres trois quarts de largeur, et garnie de dix-sept kilogrammes de paille;

De deux matelas qui seront couverts en coutil rayé, chaque matelas devant contenir onze kilogrammes de laine de bonne qualité, et de celle qu'on appelle *grosse laine*, et deux kilogrammes de crin, placés en une seule couche au centre du matelas; le tout bien préparé: ce matelas sera de même longueur et largeur que la paillasse;

D'un traversin de coutil, ayant un mètre de longueur sur huit décimètres de tour, et garni d'un kilogramme un tiers de laine de la meilleure qualité, et de deux tiers de kilogrammes de crin placé au centre du traversin;

De deux couvertures de laine blanche fine, ayant de vingt-trois à vingt-quatre décimètres de longueur, sur une largeur de dix-sept à dix-huit décimètres;

De deux paires de draps de toile blanche, de vingt-huit à vingt-neuf décimètres de longueur, sur une largeur de dix-sept à dix-huit decimètres.

ART. III.

Il sera fourni aux Officiers les meubles ci-après; savoir : une commode fermant à clef; une table de bois montée sur quatre pieds et ayant un tiroir; cinq chaises et un fauteuil couverts en paille; un pot à eau et sa cuvette en faïence; un pot de nuit en faïence; une pelle à feu et pincettes; un chandelier en cuivre et sa mouchette; un porte-manteau à six boutons, solidement attaché au mur; Meubles aux Officiers.

Deux serviettes échangées chaque semaine.

Lorsqu'il y aura deux lits d'Officiers occupés dans la même chambre, les meubles ci-dessus seront fournis doubles, à l'exception des pelles à feu, pincettes et chaises.

ART. IV.

Chaque lit de caserne sera composé d'une couchette de bois de chêne, noyer, orme ou sapin, élevée de terre de trois à quatre décimètres, ayant de dedans en dedans dix-neuf décimètres de longueur, sur onze décimètres de largeur; d'une paillasse de toile Composition d'un lit de troupe.

écrue, ayant les mêmes dimensions que la couchette, et garnie de dix-sept kilogrammes de paille de seigle ou froment;

D'un matelas de pareille dimension, couvert d'une toile lessivée et garni de onze kilogrammes de laine bien apprêtée, et de deux kilogrammes de crin, placés en une seule couche au centre du matelas;

D'un traversin de onze décimètres de longueur et de huit décimètres de tour, garni d'un kilogramme un tiers de laine et de deux tiers kilogramme de crin, lequel devra être placé entièrement au centre du traversin;

De deux paires de draps de toile demi-blanche, ayant de longueur vingt-huit décimètres, sur une largeur de dix-huit à dix-neuf décimètres;

D'une couverture de laine pesant, neuve, de quatre et demi à six kilogrammes, et ayant vingt-huit décimètres de longueur, sur vingt-deux décimètres de largeur.

Nota. A neuf livres, poids de marc, on ne pourra point refuser l'admission de la couverture neuve.

Art. V.

Composition d'une demi-fourniture.

La demi-fourniture sera composée d'une couchette, d'une couverture, de trois draps, d'une paillasse et d'un sac à paille : le tout aux poids et dimensions prescrits par l'article ci-dessus.

Art. VI.

Tolérance à l'égard des effets de reprises.

Néanmoins les effets qui ne seraient pas exactement des dimensions ci-dessus détaillées articles II, IV et V, et qui auraient été et seraient repris par les propriétaires, continueront à servir, en les mettant en bon état, jusqu'à leur remplacement, qui ne pourra se faire qu'en se conformant à ces dimensions.

Art. VII.

Les poids et les dimensions fixés par les articles II, IV et V ci-dessus, sont les poids et dimensions que doivent avoir les effets neufs au moment où ils entrent en service.

Tolérance dans le poids et les dimensions des effets en service.

Pour les effets en service, il sera toléré les déficits suivans :

1°. Dans le poids d'un matelas, un kilogramme (si le déficit excédait un kilogramme, le matelas serait à réparer; s'il excédait deux kilogrammes, on classerait le matelas hors de service);

2°. Dans le poids de la couverture, un kilogramme;

3°. Dans chacune des dimensions de la couverture, deux décimètres;

4°. Dans chacune des dimensions des draps, un décimètre;

Sauf les exceptions établies par le présent article et celui qui précède, tout effet qui n'aurait pas les qualités, poids et dimensions prescrites par les articles II, III, IV et V, ne pourra être mis en service, en ayant égard cependant à ce qui est dit dans l'article ci-après, relativement aux effets neufs versés avant le 1er. janvier 1811.

SECTION II.

Versemens d'Effets neufs.

Art. VIII.

Les effets neufs qui seront versés, à compter du 1er. janvier 1811, et pendant toute la durée du marché, devront réunir les qualités, poids et dimensions fixés; et pour ne pas laisser à l'arbitraire la qualité desdits effets, les Propriétaires ont présenté ce jour, au Ministre, des échantillons des toiles, laines, crins et couvertures de laines qu'ils entendent employer dans la confection des effets.

Remises d'échantillons des toiles, laines et crins.

Le Ministre ayant adopté ces échantillons, il y a fait apposer le cachet de son département.

L'un des doubles de chaque échantillon est resté déposé dans les bureaux du Ministre; il en a été délivré un aux Propriétaires, et les autres seront adressés aux Commissaires des guerres.

Les Commissaires des guerres conserveront ces échantillons dans leurs archives, pour y avoir recours au besoin.

Comme il peut arriver que les toiles, laines, crins et couvertures des effets neufs, tirés de différentes sources, ne soient point entièrement conformes aux échantillons, on tiendra la main à ce qu'ils ne soient point inférieurs en valeur.

Art. IX.

Les effets seront expertisés avant d'être mis en service.

A l'exception des effets qui sont actuellement en service, et ceux qui seraient repris, ainsi qu'il est dit article VI, aucun ne pourra être reçu qu'il n'ait été reconnu réunir les qualités prescrites, et qu'il n'ait été estampillé. A cet effet, les Propriétaires ou leurs Préposés, lorsqu'il sera question de faire le versement de quelques effets neufs, seront tenus d'en instruire le Commissaire des guerres, en l'invitant à faire procéder à leur réception.

Art. X.

Désignation des Fonctionnaires appelés à procéder à la réception.

La réception se fera en présence du Commandant d'armes et d'un membre de la Municipalité. Cette réception s'opérera à la diligence du Commissaire des guerres. Le membre de la Municipalité devra se présenter muni de l'estampille dont il sera parlé ci-après; à défaut du Commandant d'armes, il n'y aura pas lieu à remplacement; à son défaut, la réception se fera par le Commissaire des guerres et un membre de la Municipalité.

ART. XI.

L'examen et l'expertise des effets seront faits par deux experts nommés, l'un par le Commandant d'armes; à défaut de celui-ci, par le membre de la Municipalité; et l'autre par le Préposé des Propriétaires.

Formalités prescrites pour la réception des effets.

En cas de partage d'opinions, le Commissaire des guerres nommera un tiers-expert pour les départager.

Les effets qui auront été, par les experts, reconnus réunir les qualités, poids et dimensions prescrits, seront à l'instant, et en présence de toutes les parties agissantes, marqués de l'estampille dont les Maires seront dépositaires, laquelle sera enduite d'une dissolution de rouille de fer, fournie par le Préposé des Propriétaires, et appliquée à chacune des extrémités des effets et des couvertures qui pourront y exister, de manière à ce que les dimensions n'en puissent être altérées (1).

Il sera dressé procès-verbal de l'opération, lequel sera signé, sans désemparer, par toutes les parties présentes, et restera déposé entre les mains du Commissaire des guerres, qui en délivrera expédition conforme au Préposé des Propriétaires.

ART. XII.

Pour l'exécution de l'article ci-dessus, le Ministre fera confectionner, aux frais des Propriétaires, dix estampilles, dans lesquelles entreront ces mots : *Service des Lits militaires.*

Estampille apposée sur les effets.

Il sera adressé une de ces estampilles, avec un exemplaire du

(1) Il est bien entendu que cette estampille ne sera point appliquée aux effets en bois ou en fer, pour lesquels il est d'ailleurs inutile de prendre une précaution de cette nature.

présent bail à chacun des Maires des places comprises dans l'état de fixation. Cette estampille, ainsi que l'exemplaire du bail, resteront déposés au greffe de la Mairie, et l'un et l'autre n'en pourront être extraits que dans les cas prévus par l'article ci-dessus, et ils y seront replacés immédiatement après l'opération prescrite.

ART. XIII.

Les Commissaires des guerres tenus de procéder eux-mêmes à l'opération.

Les Commissaires des guerres devront procéder eux-mêmes à ces réceptions, même dans les places éloignées de leur résidence habituelle.

ART. XIV.

La réception des effets dans les magasins généraux peut remplacer celle dans les places.

Dans le cas où les Propriétaires formeraient un ou plusieurs ateliers destinés à alimenter le service dans tout ou partie du Royaume, les réceptions prescrites pourront se faire dans leurs magasins généraux ; mais alors elles seront faites nécessairement par un Commissaire des guerres, spécialement désigné par le Ministre, en présence d'un Officier d'État-major, qui remplacera en cela les Commandans d'armes, et sera, à cet effet, délégué par le Général commandant la Division militaire, et avec le concours du Maire de la commune:

Ces réceptions seront du reste opérées ainsi qu'il est prescrit ci-dessus, et les effets qui auront été ainsi reçus et marqués, seront admis dans les magasins des places, sans difficulté.

SECTION III.

De l'entretien des Effets.

Art. XV.

Manutention et réparation des effets.

Les effets seront réparés et entretenus de manière à être constamment en bon état de service.

Les matelas et traversins d'Officiers seront rebattus tous les ans (lors du premier rebattage, les matelas sans crin en recevront deux kilogrammes).

Les matelas et traversins de troupe seront rebattus tous les deux ans (lors du premier rebattage, ceux des matelas qui n'ont point de crin en recevront deux kilogrammes); les déchets qui résulteront des rebattages, seront toujours remplacés par de bonne laine.

Les couvertures seront battues et foulonnées toutes les fois qu'il sera nécessaire.

Les draps seront tournés de laizes avant d'être tout-à-fait élimés.

Experts appelés lorsque les Propriétaires ne sont point d'accord avec le Commissaire des guerres, sur les réparations et manutention à exécuter.

Les Propriétaires seront tenus de se conformer en cela à tous les ordres qui seront donnés par les Commissaires des guerres; cependant, dans le cas où les Propriétaires ou leurs Préposés croiraient que ces réparations ne sont point nécessaires, il sera nommé des experts, de part et d'autre, qui décideront la question; en cas de partage des experts, le tiers-expert, pour les départager, sera désigné par la Municipalité du lieu.

Art. XVI.

Effets hors de service, remplacés par

Toutes les fois que des effets seront tombés hors de service, à défaut de réunir les qualités, poids et dimensions prescrits par les des effets neufs. articles II, III, IV, V, VI et VIII ci-dessus, sans déroger cependant à ce qui est stipulé, article VI, concernant les effets de reprises, et art. VIII, concernant les effets versés avant le 1er janvier 1811, les Propriétaires seront tenus de les remplacer dans le courant du trimestre ; à défaut de quoi, ils seront privés du loyer, et le Ministre fera pourvoir à ce remplacement par des effets achetés à leur compte.

SECTION IV.

Des Bâtimens servant à l'exploitation du service.

Art. XVII.

Détail des bâtimens qui seront fournis. Il sera fourni aux Propriétaires, pour serrer leurs effets et pour l'exploitation de leur service, des magasins et greniers *gratis* dans chacune des places, et, autant qu'il se pourra, le plus à portée des casernes ; les Gardes-magasins et Préposés devront trouver un logement dans ces magasins, sinon il leur en sera donné un gratuit, le plus à proximité.

Les Propriétaires jouiront des blanchisseries et sécheries qui sont établies.

Seront réparés et entretenus. Il sera donné des ordres pour qu'il soit pourvu aux réparations et à l'entretien de ces locaux.

Indemnité accordée lorsqu'il y a impossibilité de leur fournir les bâtimens, ou que l'on ne veut point faire réparer ceux existans et remis. Dans le cas où il y aurait impossibilité de leur procurer ces emplacemens, que ceux existans et mis à leur disposition seraient insuffisans ou nécessiteraient des dépenses de réparations ou entretien, dont il ne conviendrait point au Ministre de faire l'avance, il leur sera payé, à titre d'indemnité, une somme de 80 cent. par lit fixé et par an, payable par trimestre.

Réserve de cesser de payer l'indemnité en four- Le Ministre se réserve cependant de cesser de payer l'indemnité ci-dessus stipulée et détaillée, aussitôt qu'il lui conviendra de délivrer en nature les bâtimens nécessaires ; mais alors il sera alloué aux Propriétaires, et ce à dire d'experts respectifs, une indemnité pour les réparations qu'ils auraient pu faire à leur compte aux bâtimens de la guerre qui leur auraient été remis en mauvais état, ainsi qu'il est dit ci-devant. nissant les bâtimens en nature.

Dans les places où les Propriétaires se procureraient des bâtimens à loyer, le remplacement en nature ne pourra avoir lieu avant l'expiration des baux. Formalités pour la remise des bâtimens existans.

Dans les places où il existe des bâtimens militaires dont la remise se fera aux Propriétaires, les Commissaires des guerres devront dresser des procès-verbaux de l'état des lieux, afin de mettre le Ministre à même de juger si ces bâtimens peuvent tenir lieu de ceux à délivrer, ou s'il y a lieu d'allouer aux Propriétaires l'indemnité de 80 cent. par lit.

La fixation des lits à établir, et non la quantité existante dans les places, sera prise pour base de l'indemnité, attendu que les Entrepreneurs doivent se procurer d'abord les bâtimens, ateliers et buanderie, en proportion de la fixation. Base prise pour le paiement de l'indemnité.

SECTION V.

Service ordinaire.

Art. XVIII.

Les lits d'Officiers sont spécialement destinés aux Capitaines, Lieutenans et Sous-Lieutenans; cependant il pourra en être délivré aux Officiers supérieurs lorsqu'ils consentiront à en recevoir; mais, dans ce cas, ils renonceront à l'indemnité d'ameublement. Destination des lits d'Officiers.

Ils ne pourront jamais être occupés par des sous-officiers et soldats.

ART. XIX.

Retrait de la seconde couverture.

La seconde couverture ne servira que pendant sept mois ; elle sera délivrée au 1.er octobre, et retirée au 1er mai.

Renouvellement des draps.

Les draps seront échangés et lessivés de quinze en quinze jours, du 1er juin au 1er septembre, et de vingt en vingt jours, du 1er septembre au 31 mai.

ART. XX.

Destination des lits de troupe.

Les lits de troupe sont destinés au coucher des sous-officiers et soldats, des femmes patentées par les Conseils d'administration, des domestiques d'Officiers, des prisonniers de guerre, et des condamnés aux travaux publics casernés.

ART. XXI.

Proportions dans lesquelles les lits de troupe seront fournis.

La distribution des lits dans les casernes sera faite ;

SAVOIR :

1.° Aux corps de troupes, à raison d'un lit pour les adjudans, sergens-majors et maréchaux-des-logis-chefs, tambours ou trompettes-majors, maître de musique, maîtres-ouvriers ; et pour tous autres grades l'on se conformera à la Circulaire du Ministre, en date du 14 mai 1811 ;

2.° Aux femmes patentées par les Conseils d'administration, à raison de deux lits par bataillon, et d'un lit par escadron ou par compagnie détachée ;

3.° Aux domestiques d'Officiers, à raison d'un lit par deux Lieutenans et Sous-Lieutenans, et d'un lit par Capitaine ; mais il est à observer que cette distribution n'aura lieu qu'en faveur des domestiques des Officiers qui auront eux-mêmes reçu des fournitures d'Officiers. Ainsi, tout Officier qui recevra l'indemnité d'ameublement, ne pourra exiger qu'il lui soit fourni de lit pour son domestique. Par le même motif, tout Officier supérieur qui aura consenti à recevoir une fourniture d'Officier, aurait droit à obtenir des lits pour ses domestiques; savoir : deux lits pour un Colonel ou Major, et un lit pour un Chef de bataillon ou d'escadron;

4.° Aux prisonniers de guerre, à raison d'un lit complet par Officier qui consentira à recevoir une fourniture de troupe, et d'une fourniture pour deux hommes; mais cette dernière fourniture aura une composition particulière, qui sera déterminée ci-après;

5.° Aux condamnés aux travaux, à raison d'une fourniture semblable à celle des prisonniers de guerre, pour deux hommes, plus une fourniture par section.

Cependant, les vétérans nationaux casernés, et qui par leurs blessures ou infirmités seraient reconnus ne pouvoir coucher deux à deux, coucheront seuls, et il leur sera délivré des lits nécessaires à cet effet.

Les draps de ces lits seront échangés tous les vingt jours, du 1er juin au 1er septembre, et tous les mois du 1er septembre au 31 mai. Renouvellement des draps.

Art. XXII.

Les fournitures qui seront délivrées aux prisonniers de guerre et aux condamnés aux travaux publics, consisteront en un bois de lit ou châlit, une paillasse et une couverture. Fournitures particulières aux prisonniers de guerre et condamnés aux travaux publics.

Les effets reconnus les moins bons seront employés de préférence pour ces sortes de fournitures, excepté ceux qui auraient été employés aux infirmeries régimentaires.

Les paillasses pourront être faites de plusieurs morceaux cousus ensemble, doublés et piqués.

Au moyen de cette facilité qui est accordée aux Propriétaires, ils ne pourront prétendre à aucune indemnité pour l'user extraordinaire en raison de ce service, et les fournitures qui seront ainsi occupées, seront, pour l'occupation, comptées et payées comme demi-fournitures.

Aucun des effets ayant servi au coucher des prisonniers de guerre, ne pourra être employé à l'usage des troupes, qu'il n'ait été désinfecté et reconnu propre au service.

Art. XXIII.

Destination des demi-fournitures.

Les demi-fournitures portées au tableau de fixation mentionné à l'article I.er, seront destinées, savoir :

Trois sixièmes aux infirmeries régimentaires, deux sixièmes aux salles de police, et un sixième aux prisons de police établies dans l'intérieur des casernes.

Les trois draps attachés à chacune des demi-fournitures sont spécialement affectés au service des infirmeries régimentaires, afin de faciliter les rechanges. Les effets à l'usage des infirmeries seront estampillés des lettres I. R., et ne pourront jamais être employés à un autre usage.

Art. XXIV.

Renouvellement des draps.

Les draps seront changés et lessivés, comme il est prescrit pour la troupe, art. XXI ci-dessus.

Art. XXV.

Echange de paille des différentes fournitures.

Les échanges de paille des fournitures d'Officiers, fournitures de troupe, femmes patentées, domestiques, prisonniers de guerre, condamnés aux travaux, et demi-fournitures auront lieu ;

SAVOIR:

1°. Pour les fournitures d'Officiers, fournitures complètes de troupe, femmes patentées, domestiques d'Officiers, Officiers prisonniers de guerre, tous les six mois;

2°. Pour les fournitures de prisonniers de guerre, condamnés aux travaux, et les demi-fournitures, tous les quatre mois;

La vieille paille sera rendue aux Propriétaires sans qu'il puisse en être distrait, sous aucun prétexte; elle sera placée par les troupes dans l'endroit indiqué par le Commissaire des guerres, qui aura toujours soin de fixer cet emplacement le plus près possible des casernes, à moins que les Propriétaires ne préfèrent de faire porter au magasin les paillasses garnies de leur vieille paille, et de les y faire remplir de paille fraîche, en présence de la troupe.

Art. XXVI.

Pour faire connaître l'époque à laquelle la paille devra être renouvelée, tant dans les lits d'Officiers que dans ceux de troupe et les demi-fournitures, le Garde-magasin des lits, dans chaque place, sera dépositaire d'un livret, coté et paraphé par le Commissaire des guerres, sur lequel le Quartier-maître ou l'Officier chargé du détail de chaque corps, inscrira le jour où la paille aura été renouvelée. Le Garde-magasin ouvrira sur ce livret un compte à chaque bâtiment militaire de la place.

Livret destiné à faire connaître l'époque où la paille devra être renouvelée.

A défaut par le Garde-magasin d'avoir fait remplir cette formalité, les pailles seront censées en service depuis plus de quatre ou six mois, et le renouvellement en sera exigé.

Art. XXVII.

Les lits d'Officiers sont destinés aux Officiers des corps de troupes, de préférence à tous autres; cependant ils pourront être délivrés

Lits délivrés aux Officiers d'état-major

sans troupe, et employés militaires.

subsidiairement aux Officiers d'État-major et sans troupe, et aux employés militaires de l'artillerie et du génie.

Aucun Officier ou employé non logé dans les bâtimens militaires, ne pourra prétendre à la fourniture d'un lit.

Art. XXVIII.

Proportions dans lesquelles les demi-fournitures seront fournies.

Les lits d'Officiers et de troupe, et les fournitures particulières aux prisonniers de guerre et condamnés aux travaux, seront fournis dans les proportions déterminées par les articles XVIII et XXI.

Quant aux demi-fournitures, on suivra les proportions déterminées ci-après, sans que toutefois les Commissaires des guerres puissent en accorder un plus grand nombre que celui fixé dans chaque place. A l'effet de quoi, il est expressément défendu de décompléter des lits de troupe pour en former des demi-fournitures.

Art. XXIX.

Désignation des signataires des états d'effectif.

Les fournitures à faire aux militaires et autres individus désignés aux art. XVIII, XXI et XXVII, ne pourront être délivrées que sur des états d'effectif signés du Chef de l'État-major-général pour les Officiers d'État-major de la division; du Commandant d'armes, pour l'État-major de la place; du Commandant d'artillerie, pour les Officiers et Employés d'artillerie; du Commandant du génie pour les Officiers et Employés du génie; des Commandans des corps ou détachemens, pour les régimens, détachemens, salles de discipline et infirmeries régimentaires; et des Commandans de dépôt, pour les dépôts de convalescens, de conscrits, de prisonniers de guerre ou tout autre. Les Commandans désignés dans le présent article rempliront en cela les fonctions de Commandant de détachement, et seront soumis aux obligations imposées aux Officiers chargés du détail des corps.

Art. XXX.

Les fournitures seront délivrées d'après l'effectif et dans les proportions ci-dessus déterminées, sans qu'elles puissent être excédées sous aucun prétexte; il sera alloué aux corps ou détachemens, des fournitures supplémentaires dans les proportions suivantes; savoir: Fournitures supplémentaires; leur proportion.

PIED DE PAIX.	LITS aux femmes patentées, conformém.t à l'art. XXI.	DEMI-FOURNITURES.			
		Infirmeries régi-mentaires.	Salles de discipline.	Prisons de police dans les Casernes.	TOTAL des demi-fournitures.
Par Régiment d'infanterie.					
A 4 bataillons	8	36	24	12	72
A 3 *idem*	6	27	18	9	54
A 2 *idem*	4	18	12	6	36
Régiment de Troupes à cheval.					
A 4 escadrons	4	9	6	3	18
Artillerie.					
Régimens. A pied	6	18	12	6	36
Régimens. A cheval	3	9	6	3	18
Bataillons. Pontonniers	2	9	6	3	18
Bataillons. Train	2	6	4	2	12
Compagnies d'ouvriers	1	3	2	1	6
Génie. Bataillons de sapeurs	2	9	6	3	18
Génie. Compagnie de mineurs	1	3	2	1	6
Vétérans. Régiment	15	18	12	6	36
Vétérans. Compagnie	1	3	2	1	6

ART. XXXI.

Pièce sur laquelle les lits seront délivrés.

Lors de l'arrivée dans les places des corps et détachemens, les Commandans de ces corps ou détachemens formeront un état de l'effectif, conforme au modèle, n°. 34, du Réglement du 15 octobre 1810.

Cet état sera visé par l'Inspecteur aux revues, qui aura soin de s'assurer qu'il est conforme à l'effectif. Cet état, ainsi visé, sera remis au Commissaire des guerres, qui donnera, au bas, l'ordre au Préposé des lits militaires, de délivrer les effets nécessaires sur le récépissé de l'Officier pour qui ils sont destinés, s'il est question d'un Officier sans troupe; et sur celui de l'Officier désigné par le Commandant sur l'état d'effectif, s'il s'agit d'un corps, détachement ou dépôt.

Cas d'absence de l'Inspecteur aux revues.

En cas d'absence de l'Inspecteur aux revues, le Commissaire des guerres est autorisé à faire délivrer le nombre de fournitures qui lui aura été demandé, sauf à lui à se conformer à l'article X, page 141, du Réglement du 15 octobre 1810.

Lits reçus en trop.

Si, dans sa demande, le corps a porté un plus grand nombre de lits que celui qui sera alloué d'après le *visa* de l'Inspecteur aux revues, il sera tenu de rétablir sur-le-champ les lits qu'il aura reçus de trop, et d'en payer le prix d'occupation d'un trimestre, au prix fixé par le présent bail.

Il sera dressé, dans les bureaux du Ministre, un bordereau particulier de cet excédant de fourniture, lequel sera remis à l'Inspecteur en chef aux revues, qui l'adressera, après l'avoir visé, au Payeur de la guerre; celui-ci le donnera pour comptant au corps.

ART. XXXII.

Supplément de lits en cas d'augmentation.

Si dans le courant d'un trimestre l'effectif d'un corps ou détachement augmente, il sera dressé un état supplémentaire à celui prescrit par l'article précédent, lequel sera soumis aux mêmes formes. (*Modèle n°. 35 du Réglement précité.*)

Art. XXXIII.

Départ des hommes isolés ou détachemens.

Dans le cas de départ d'une place d'un Officier d'État-major ou autre, ayant des fournitures, ou d'une partie d'un corps, détachement, semestriers, ou des hommes en congé, l'Inspecteur aux revues devra adresser au Commissaire des guerres un extrait de revue de départ, comprenant le décompte des fournitures qui devront rentrer en magasin. (*Modèle n°. 36 du Réglement.*)

Au bas de cet extrait de revue, le Commissaire des guerres donnera au Préposé des lits militaires l'ordre de faire rentrer en magasin le nombre de fournitures qui seront devenues inutiles, et lui signifiera qu'à compter du jour du départ elles cesseront d'être portées sur l'état d'occupation.

Cet ordre sera notifié par le Préposé à l'Officier qu'il concernera, lequel sera tenu, sous sa responsabilité, de rendre les fournitures dans le jour.

Art. XXXIV.

Départ des corps entiers.

Lors du départ d'un corps entier, l'Inspecteur adressera au Commissaire des guerres, et la veille du départ au plus tard, un extrait de revue semblable à celui mentionné dans l'article ci-dessus, afin qu'il puisse faire rentrer toutes les fournitures, et procéder, en présence de l'Officier désigné par le Commandant du corps, à la reconnaissance des effets.

Dans le cas où l'Inspecteur aux revues n'aurait pas eu la possibilité d'adresser cet extrait de revue avant le départ du régiment, la remise des effets ne s'en fera pas moins de la manière ci-dessus prescrite; et afin d'éviter les doubles emplois dans le décompte des lits occupés, l'Inspecteur aura soin d'adresser au Commissaire des guerres, dans le moindre délai possible, l'extrait de revue, rédigé de la même manière que s'il eût pu être adressé avant le départ du régiment.

Art. XXXV.

Inscription des effets rendus au dos des états d'effectif.

Lorsqu'un corps remettra tout ou partie des effets qui lui auront été fournis, le Quartier-maître ou autre Officier désigné dans l'état d'effectif par le Commandant, devra faire mention de cette remise au dos de l'état d'effectif. (*Voir, page 74, les modèles du Réglement.*)

Cet état d'effectif devra rester entre les mains du Préposé des lits militaires, jusqu'à l'expiration du trimestre, comme il sera expliqué ci-après.

Art. XXXVI.

Renouvellement des états d'effectif au dernier jour du trimestre.

Au commencement de chaque trimestre, l'état d'effectif prescrit par l'article XXXI, sera renouvelé et établi sur l'effectif au dernier jour du trimestre, en se conformant pour la rentrée des lits, s'il y a lieu, aux articles XXXIII et XXXIV.

Art. XXXVII.

Effets à replacer en magasin; effets en dépôt sous la responsabilité des caserniers.

Lorsque les casernes ne seront point occupées, les matelas, traversins, couvertures, draps, serviettes, baldaquins, housses de lits et ustensiles des chambres d'Officiers seront placés en magasin.

Le surplus des effets restera dans les casernes, sous la responsabilité des caserniers, qui seront tenus de veiller à leur conservation.

Art. XXXVIII.

Frais de transport à la charge des Propriétaires.

Tous les frais de transport dans l'intérieur des places, autres que ceux qui doivent être exécutés par la troupe, ceux de démontage et remontage seront à la charge des Propriétaires.

ART. XXXIX.

Dans le cas de marches ordinaires et de mouvemens imprévus, les troupes devant loger chez l'habitant, les lits militaires ne pourront être occupés par les troupes de passage.

Les lits militaires ne seront point occupés par les troupes de passage.

SECTION VI.

Service extraordinaire et changemens dans les fixations.

ART. XL.

Les lits militaires ne pourront être employés ailleurs que dans les casernes, et dans les cas et proportions déterminés par la précédente section.

Lits affectés à un service étranger.

Cependant, lorsque des circonstances extraordinaires l'exigeront, le Ministre se réserve d'en disposer aux conditions ci-après déterminées.

ART. XLI.

Lorsque le Ministre aura donné l'ordre aux Propriétaires de prêter quelques-uns de leurs lits au service des hôpitaux, la remise en sera faite, sur estimation contradictoire, par deux experts nommés, l'un par le Commissaires des guerres qui dirige l'opération, l'autre par le Préposé des Propriétaires; en cas de partage entre les deux experts, il en sera nommé, par la Municipalité du lieu, un troisième pour les départager. Lors de la sortie de ces effets du magasin, un Officier de santé sera appelé, et s'il juge que les lits sont infectés, la sanification en sera ordonnée par le Commissaire des guerres, exécutée à la diligence de l'Officier de santé, et aux frais des Propriétaires.

Prêts aux hôpitaux.

Ces lits continueront à faire partie de ceux de la place de laquelle ils auront été tirés, et devront être compris dans le certificat d'existence dont il sera parlé ci-après; le Commissaire des guerres fera l'observation qu'ils se trouvent, à titre de prêt, dans un tel ou tel hôpital.

Lors de la rentrée de ces lits au service de casernement, il en sera fait une nouvelle estimation dans la forme prescrite ci-devant, et la moins value en sera payée comptant, et sans aucune espèce de retenue, sur ordonnance spéciale du Ministre.

Si, lors de cette remise, la désinfection des effets est jugée nécessaire, elle sera exécutée avant l'estimation des effets, aux frais du Gouvernement.

Art. XLII.

Service imprévu.

Si par des circonstances qu'il n'est pas possible de prévoir, il fallait porter dans des villages des fournitures, ou si on en faisait établir ailleurs que dans des lieux couverts et bâtimens militaires, enfin si on leur donnait une autre destination que celles prévues par le présent bail, il en serait agi ainsi qu'il est arrêté par l'art. XLI ci-dessus, et tous les frais de transports seraient à la charge du Gouvernement.

Art. XLIII.

Transport des lits d'une place sur une autre.

Dans le cas où il faudrait transporter des lits d'une place à une autre, par augmentation de garnison ou par quelque autre cause que ce soit, les frais de démontage, remontage, emballage et transport seraient à la charge du Gouvernement, desquels frais les Propriétaires feraient l'avance.

Dans le cas encore où ce déplacement aurait lieu, les lits transportés seront ajoutés à la fixation de la place où ils existeraient à l'expiration du trimestre, et compris dans le certificat d'existence pour cette place; par le même motif, ils seront déduits de la fixation de la place d'où ils auront été momentanément tirés, et ne figureront point dans le certificat d'existence de cette place, jusqu'à ce qu'ils y aient été réintégrés.

Art. XLIV.

Si le Ministre faisait établir des lits dans une place non comprise sur l'état de fixation ci-joint, ou augmentait le nombre de ceux déterminés dans ledit état de fixation, les Propriétaires feraient établir lesdits lits dans un délai d'un mois pour trois cents lits, de cinquante jours ponr mille, et proportionnellement pour une plus grande quantité. Augmentation des lits.

Aussitôt les ordres donnés pour l'établissement de ces lits, il sera délivré aux Propriétaires un secours de quarante-huit francs par lit de troupe, soit en deniers, soit en remise d'effets, ainsi qu'il est stipulé à l'article 72 du présent bail; le montant dudit secours sera retenu aux propriétaires, par trimestre, sur les loyers, pendant le cours du présent bail. Secours accordés.

Ce secours sera porté à quatre-vingt-six francs, s'il s'agit d'établir des lits d'officiers, et réduit à trente-deux francs, s'il s'agit de demi-fournitures; il ne sera sujet à aucune espèce de retenue.

Le loyer de ces lits, ainsi que la prime d'occupation, seront les mêmes que ceux des lits compris dans la fixation; ce loyer commencera à courir du premier jour du trimestre dans le cours duquel ils auront été versés, si le versement a eu lieu pendant les quarante-cinq premiers jours du trimestre; si le versement n'a été effectué que postérieurement à ces quarante-cinq premiers jours, il ne courra que pour le trimestre suivant.

Art. XLV.

Diminution des lits.

Si le Ministre juge qu'il est utile au bien du service d'ordonner la suppression de tout ou partie des lits d'une place comprise dans la fixation, ou ajoutée à cette fixation en vertu de l'article précédent, les Propriétaires jouiront, à titre d'indemnité, du loyer des lits supprimés pendant une année, sans qu'ils soient obligés de justifier de l'existence actuelle des lits qu'ils pourront faire transporter dans d'autres places, pour y servir au remplacement successif des effets devenus hors de service.

Cette année, le loyer commencera à courir au premier jour du trimestre où la suppression des lits aura été notifiée aux Propriétaires, si cette notification a eu lieu dans les quarante-cinq premiers jours du trimestre; dans le cas contraire, elle ne commencera que du premier jour du trimestre suivant.

SECTION VII.

De la distribution des Effets aux Troupes, et de leur rentrée en magasin.

Art. XLVI.

Transport des effets mis en service et rentrés en magasin.

Les parties prenantes seront tenues de faire prendre ou de prendre elles-mêmes dans les magasins des lits militaires, les paillasses, matelas, traversins, couvertures, draps et autres objets et ustensiles des chambres d'Officiers, et de les y faire reporter ou reporter elles-mêmes pour les rechanges et blanchissage.

Elles seront tenues de les y rétablir la veille du départ, à défaut de quoi le transport en sera fait pour leur compte, et le montant en sera acquitté comme il sera dit ci-dessous pour les dégradations qui auraient pu être commises dans les effets; à moins qu'en suite d'un ordre spécial le transport ne dût être payé par le Gouvernement.

Art. XLVII.

Réception des effets à leur mise en service.

Au moment où se feront les distributions, l'Officier désigné par le Commandant, sur l'état d'effectif, ne devra recevoir que des effets en bon état de service; en cas de contestations entre lui et le Garde-magasin, le Commissaire des guerres en fera faire la reconnaissance par deux experts, nommés, l'un par l'Officier chargé du détail, l'autre par le Garde-magasin, et en cas de partage par un tiers-expert nommé par lui; les frais de cette expertise seront à la charge de la partie condamnée.

Art. XLVIII.

Echange des effets susceptibles de réparations et hors de service, provenant de dégradations.

A mesure que des effets en service dans les pavillons ou casernes auront besoin de réparations ou seront devenus hors de service, ils devront être réparés ou échangés; dans ce cas, toutes dégradations autres que celles provenant de l'user naturel, seront mises au compte de la troupe qui sera tenue d'en payer le montant.

Contestations à ce sujet.

Dans tous les cas où le présent article donnerait lieu à des contestations entre la troupe et le Préposé des lits militaires, elles seront décidées par une expertise ou estimation faite dans les mêmes formes que celles prescrites par l'article précédent.

Art. XLIX.

Remise des effets au départ.

Lors du départ d'un corps entier, détachement ou tout autre partie prenante, l'Officier désigné sur l'état d'effectif et chargé du détail, devra assister à la reconnaissance des effets reportés au magasin, et de ceux laissés dans les pavillons ou casernes après le départ de la troupe; en cas de contestation, cette reconnaissanc sera faite en présence du Commissaire des guerres.

Mais à défaut de cet Officier ou tout autre qui aurait été désigné à cet effet, le Préposé sera tenu d'en rendre compte au Commissaire des guerres qui procédera à la reconnaissance, et fera faire l'estimation des dégradations à la charge du corps par deux experts, nommés, l'un par le Maire de la commune, l'autre par le Préposé desdits lits militaires.

Les effets manquans seront payés au prix du tarif annexé au présent bail.

Paiement des dégradations à la charge de la troupe.

Dans le cas où, à défaut par la troupe d'avoir acquitté, de gré à gré, le montant des pertes ou dégradations commises par elle, il y aura lieu de faire une des expertises ordonnées ci-dessus, il en sera dressé procès-verbal, en triple minute, dont une pour le Préposé des lits militaires, une pour l'Inspecteur en chef aux revues, et l'autre pour le Commissaire des guerres.

Les corps seront tenus d'acquitter sur-le-champ entre les mains du Préposé des lits militaires le montant des pertes et dégradations mises à leur charge, et celui-ci en donnera quittance au bas du procès-verbal qui lui aura été remis; à défaut par le corps de se conformer à la présente disposition, les Propriétaires devront soumettre ce procès-verbal à l'Inspecteur en chef aux revues, en l'invitant à leur procurer le paiement de la somme qui leur sera due.

Au bas de ce procès verbal, l'Inspecteur en chef délivrera, au profit des Propriétaires, sur le payeur de la guerre, une ordonnance de la somme y portée.

Cette ordonnance sera acquittée, sans retard et sans aucune espèce de retenue, par le Payeur de la guerre, qui l'adressera pour comptant au corps, qui sera tenu de l'admettre en paiement sur les premiers fonds qu'il aura à recevoir pour sa solde.

Lorsque l'Inspecteur en chef sera dans le cas de délivrer une de ces ordonnances, il en fera la transcription au bas de la première minute du procès-verbal qu'il aura reçue du Commissaire des guerres, laquelle sera de suite adressée au Minitre de la guerre.

Dans le cas où le corps acquitterait lui-même le montant de l'état des pertes et dégradations dressé de gré à gré, ou celui du procès-verbal à dire d'experts dont il est question ci-dessus, l'Officier chargé de ce paiement ne pourra se refuser de délivrer au Préposé une copie certifiée par lui, soit de l'état, soit du procès-verbal quittancé, afin de mettre ce Préposé à même de justifier de la nature des pertes et dégradations, ainsi que des sommes par lui reçues.

De même lorsque, par suite de non-paiement direct par le corps, ce Préposé sera dans le cas de se dessaisir de la minute du procès-verbal à lui remise, le Commissaire des guerres devra lui en remettre une expédition certifiée conforme.

ART. L.

Lits fournis aux Officiers sans troupe et employés militaires.

Les Officiers sans troupe ou employés militaires auxquels il aurait été fourni, par ordre, des effets de casernement, seront soumis à toutes les obligations imposées aux corps de troupes, et il en sera agi de même à leur égard.

SECTION VIII.

Police dans les Casernes et Magasins.

ART. LI.

Les Officiers et les troupes ne pourront employer les effets à aucun usage étranger au service des lits.

Les parties prenantes ne pourront se servir d'aucun des effets des lits militaires pour se coucher ailleurs que dans leurs chambres; il leur est expressément défendu de s'y traiter ou faire traiter de maladies pouvant préjudicier à la durée ou infecter les effets; elles ne pourront battre les couvertures qu'avec de petites baguettes flexibles, sans pouvoir jamais y employer celles de leurs fusils; elles ne devront faire aucune entaille sur les pieds des lits pour y fourbir leurs armes, enlever des parties des barres de fond pour en faire des copeaux pour allumer le feu, des curettes de fusils ou polissoires de gibernes, ni poser sur leurs lits aucuns légumes, pain ou viande, s'y coucher avec leurs souliers ou bottes, faire servir leurs draps de sacs à pain, torchons ou cendriers, ni brûler ou distraire la paille des paillasses; enfin elles ne devront faire aucun dommage aux effets qui leur seront confiés, et elles seront responsables de tout celui qui y surviendrait, soit qu'il y ait eu défaut de surveillance ou négligence de la part des Officiers et Sous-officiers, soit mal-adresse de quelques autres individus.

Le paiement de ces dégradations aura lieu, ainsi qu'il est prescrit par la section précédente.

ART. LII.

Réparations des effets exécutées dans les casernes ou au magasin.

Pour l'exécution de l'article XLVIII ci-dessus, les Propriétaires seront libres d'envoyer, aussi souvent qu'ils le jugeront nécessaire, un Préposé avec des ouvriers dans les pavillons et casernes, pour faire sur-le-champ les petites réparations qui pourront s'effectuer sans déplacement; à l'égard de celles qui ne pourront être exécutées qu'au magasin, le Préposé en rendra compte au Commissaire des guerres, qui ordonnera que les effets soient sur-le-champ reportés au magasin et échangés contre d'autres en bon état.

Les réparations ne pourront être faites que par les ouvriers des Propriétaires, à moins qu'en cas de négligence de leur part le Commissaire des guerres ne juge indispensable de les faire exécuter par d'autres; et dans ce cas, il en devra toujours donner l'ordre par écrit, en se conformant à l'article XV du présent bail.

ART. LIII.

Inspection des effets à faire par les

Les Propriétaires auront la faculté de faire faire, aussi souvent qu'ils le voudront, la visite des casernes, pour s'assurer que la troupe conserve ses effets en bon état, et de faire exécuter, soit à leur compte, soit à celui de la troupe, selon qu'il est expliqué ci-dessus, toutes les réparations qui seraient jugées nécessaires; les Préposés pourront et devront, dans ces sortes de visites, requérir les Sous-officiers, et, en cas de refus de ceux-ci, les Officiers des compagnies, de faire cesser les désordres ou contraventions aux Réglemens, qu'ils apercevront, tendant à préjudicier à la propreté et à la conservation des effets, et s'il n'y était point fait droit, ils devront en adresser de suite la plainte au Commissaire des guerres.

Préposés, au moyen desquelles les Propriétaires sont responsables du bon état de service.

Au moyen de cette faculté, ils seront toujours moralement responsables envers le Gouvernement du mauvais état des lits occupés pour les troupes.

Art. LIV.

Défense de démonter et transporter les lits une fois placés.

Les lits une fois placés dans les casernes ne pourront plus être démontés ni transportés dans d'autres chambres, sans un ordre par écrit du Commissaire des guerres, qui seul a le droit de faire exécuter de semblables déplacemens lorsqu'il les juge utiles au bien du service; cet ordre devra contenir le détail des motifs d'utilité qui donneront lieu au déplacement.

Défense d'empiler les lits dans une partie de la chambre.

Il est expressément défendu de déplacer les lits pour les empiler dans une partie de la chambre.

Les chambres seront numérotées, et au-dessous du numéro, le nombre des lits fixé pour la chambre sera indiqué.

Art. LV.

Devoirs des Caserniers, Concierges ou Portiers.

Les Caserniers, Concierges ou Portiers seront, comme dépositaires des clefs des casernes et pavillons vacans, responsables, avec garantie du Gouvernement, des effets qui doivent rester dans les pavillons ou casernes; ils en fourniront récépissé, visé du Commissaire des guerres, au Préposé des lits militaires et n'auront droit à aucune rétribution pour raison de leur grade.

Ils ne laisseront sortir des casernes, sous aucun prétexte, les effets et ustensiles dépendant du casernement.

Ils ne pourront recevoir aucune clef des chambres d'Officiers et domestiques, partant par congé ou autrement, que du consentement du Préposé des lits militaires, qu'ils seront tenus d'appeler, pour reconnaître, en présence de l'Officier sortant et celui chargé du détail, le nombre et l'état des effets qui auront été fournis.

Ils devront assister au recensement qui se fera, après le départ de la troupe, des meubles, effets et ustensiles restant dans les casernes, afin de s'assurer de leur nombre et état qui devront être spécifiés sur leur récépissé, et recevoir de suite les clefs des chambres; s'ils reçoivent ces clefs sans l'intervention du Préposé, ils restent reponsables de tous les objets manquant dans les chambres, et des dégradations qui seraient reconnues aux objets y restans.

Art. LVI.

Défense de louer ou prêter des lits.

Les Propriétaires et leurs Préposés ne pourront louer ou prêter à aucun militaire ou autre personne quelconque, et sous quelque prétexte que ce soit, aucun lit ni effets de couchage, lors même qu'ils en auraient une quantité excédant la fixation.

Tout commerce analogue au service est interdit aux Propriétaires et leurs Préposés.

Tout commerce de tapisserie et lingerie leur est également interdit.

SECTION IX.

Prix des Loyers.

Art. LVII.

Prix des loyers d'entretien et pri-

Les Propriétaires recevront, pour les lits qu'ils auront entretenus, pourvu toutefois que le nombre n'en excède pas par place celui compris dans la fixation arrêtée par le Ministre, les prix suivans;

me d'occupation pour chaque genre de fourniture.

SAVOIR:

Loyer d'entretien.

Pour un lit d'Officier, trente francs trente-sept centimes par an, ci.	30 fr.	37 c.
Pour un lit de troupe, douze francs quinze centimes par an, ci.....	12	15
Pour une demi-fourniture, huit francs dix centimes, ci.........	8	10

Il leur sera alloué en outre une prime d'occupation; cette prime sera allouée au plus grand nombre de lits qui, dans chaque place, auront été occupés à la fois, dans le cours de chaque trimestre, par les troupes stationnées; elle est fixée ainsi qu'il suit;

AVOIR:

Prime d'occupation.

Pour un lit d'Officier, sept francs par trimestre, ci............	7 fr.	« c.
Pour un lit de troupe, deux francs quatre-vingts centimes, ci......	2	80
Pour une demi-fourniture, un franc quatre-vingt-six centimes et deux deux tiers, ci..............................	1	86⅔

ART. LVIII.

Termes de paiement.

Le montant de ce loyer sera acquitté, savoir: le prix total d'entretien, par à-compte, dans le courant du mois, et le prix d'occupation, moitié à la réception des pièces de chaque division, et la dernière moitié après liquidation.

L'a-compte à payer chaque mois sera calculé d'après les derniers certificats d'existence parvenus au Ministre.

La liquidation du prix d'entretetien s'opérera par trimestre sur les certificats d'existence dont il sera question ci-après, et celle du prix d'occupation également par trimestre, à la remise des pièces exigées ci-après; l'une et l'autre seront faites aussitôt après la remise desdites pièces.

ART. LIX.

Liquidation et paiement des frais de transport.

La liquidation des frais de transport qui pourront être dus aux Propriétaires, sera faite sur la présentation de l'ordre de transport donné par le Ministre, au bas duquel le Commissaire des guerres aura certifié l'arrivée et le nombre des fournitures transportées, appuyé de la lettre de voiture quittancée et visée par le Commissaire des guerres.

La totalité de ces frais ne sera payable qu'après la liquidation, qui pourra n'avoir lieu qu'à la fin de chaque exercice.

SECTION X.

Mode de Comptabilité.

ART. LX.

Certificat d'existence.

A l'expiration de chaque trimestre, le Commissaire des guerres remettra au Préposé des lits militaires, dans chaque place, un certificat constatant le nombre de lits d'Officiers, de ceux de troupe, et des demi-fournitures qui auront été entretenus en bon état pendant le cours du trimestre.

Ce certificat leur sera délivré en double expédition, et sera conforme au modèle, N°. 51 du Réglement du 15 octobre 1810.

ART. LXI.

Déficit dans le complément des lits.

Pour établir le nombre de lits complets dont le loyer sera dû aux Propriétaires, les Commissaires des guerres partiront des bases suivantes :

Lits d'Officiers.

1°. Tout lit qui n'aura pas son bois, ses deux matelas, une couverture et trois draps, sera censé ne pas exister, et ne figurera pas dans le certificat d'existence mentionné à l'article précédent ;

2°. Les autres effets manquant opéreront les déductions suivantes :

	Centièmes.
Tour de lit complet; les quatorze centièmes d'un lit complet. . .	14
Paillasse, deux centièmes, ci.	2
Une couverture, huit centièmes, ci.	8
Un drap, trois centièmes, ci.	3
Un traversin, deux centièmes, ci.	2
Une commode, sept centièmes, ci.	7
Une table, deux centièmes, ci.	2
Cinq chaises et un fauteuil, quatre centièmes, ci.	4
Trois pièces de faïence, un centième, ci.	1
La pelle et les pincettes, deux centièmes, ci.	2
Un chandelier et sa mouchette, le porte-manteau, deux centièmes, ci	2

Nota. *Le déficit d'un seul des objets réunis entraînera le rejet de tout l'article, à l'exception du porte-manteau, qui, s'il manquait seul, n'opérerait qu'une réduction d'un centième.*

Lits de Troupe.

1°. Tout lit qui n'aura pas son bois, son matelas, sa couverture et trois draps, sera compté comme n'existant pas;

2°. Le déficit des autres effets produira les réductions suivantes :

	Centièmes.
Une paillasse, cinq centièmes, ci.	5
Un traversin, cinq centièmes, ci.	5
Un drap, cinq centièmes, ci.	5

Demi-Fournitures.

1°. Toute demi-fourniture qui n'aura pas son bois, sa paillasse, sa couverture et deux draps, ne sera point comprise dans le certificat d'existence;

2°. Le déficit du sac à paille opérera une déduction de trois centièmes, et celui d'un drap de dix centièmes d'une demi-fourniture.

Art. LXII.

Bordereaux des lits occupés.

A la fin de chaque trimestre, le Préposé des lits militaires formera un bordereau des fournitures qu'il aura délivrées dans le cours du trimestre.

Ce bordereau sera établi sur les états d'effectif et extraits de revue de départ qui lui auraient été remis en exécution des articles XXXI, XXXII, XXXIII et XXXIV, et rédigé dans la forme du modèle, N°. 40, du Réglement du 15 octobre 1810.

Ce bordereau, formé en quadruple expédition et appuyé de pièces justificatives, sera remis par lui au Commissaire des guerres, qui le vérifiera et l'arrêtera.

Deux de ces expéditions ainsi arrêtées, seront remises avec les pièces justificatives au Préposé; la troisième restera entre les mains du Commissaire des guerres, et la quatrième sera adressée par lui à l'Inspecteur en chef aux revues.

Art. LXIII.

États de loyer à fournir.

Lorsque les Propriétaires auront réuni les certificats d'existence et bordereaux, avec pièces à l'appui, des lits occupés dans chaque place, par trimestre, détaillés dans les articles LX et LXII ci-dessus, ils en formeront des états de loyer, portant décompte des sommes à eux dues, tant pour l'entretien que pour l'occupation de leurs lits; ces états devront offrir le montant des loyers par place et par division militaire; ils seront certifiés sincères et véritables par eux.

État de paiement de l'indemnité de loyers de magasins.

Ils dresseront également un état de l'indemnité pour loyers de magasins, etc. à leur payer en conformité de la quatrième section du présent bail.

Feuilles de retenues des secours délivrés, et re-

Ils devront aussi dresser une feuille ou état de la retenue à exercer par le Gouvernement sur les loyers à eux dus, pour remboursement des secours qui leur auraient été délivrés en conformité de l'article LXIV, et remises d'effets à eux faites en conformité de l'article LXXII du présent bail.

mises d'effets faites.

Toutes ces pièces seront certifiées sincères et véritables par les Propriétaires.

Elles seront adressées, après avoir été comprises dans le bordereau-général dont il sera question dans les dispositions générales du présent bail, à l'Inspecteur en chef aux revues, qui, après les avoir vues, vérifiées et arrêtées, les adressera au Ministre, dans les dix jours qui suivront l'envoi qui lui en aura été fait.

Toute pièce tendante à procurer un remboursement aux Propriétaires par le Gouvernement, devra également être adressée à l'Inspecteur en chef aux revues, et comprise dans le bordereau-général. Cependant le Ministre pourra, s'il le juge à propos, fixer un nouveau mode de comptabilité, ou faire à celui indiqué ci-dessus, les changemens qu'il croirait nécessaires.

Toutes pièces de remboursement adressées à l'Inspecteur en chef aux revues.

Art. LXIV.

A l'expiration de chaque année, il sera dressé un inventaire des lits militaires entretenus dans chaque place, lequel devra être rédigé conformément au modèle, N°. 32 du Réglement du 15 octobre 1810, et joint au certificat d'existence du quatrième trimestre de l'année, pour servir à en vérifier l'exactitude.

Inventaires des lits militaires à l'expiration de chaque année.

Art. LXV.

Ces inventaires seront faits par les fonctionnaires et agens désignés aux articles X et XI du présent, à l'exception du membre de la Municipalité qui n'y sera point appelé.

Agens appelés à former ces inventaires.

Les effets seront classés par bons à réparer et hors de service, en se conformant toutefois aux articles VI et VII du présent.

Les effets reconnus susceptibles de réparations et classés comme tels, devront être remis en bon état dans le courant du trimestre

Classement des effets.

suivant; à défaut de quoi le Commissaire des guerres les considérera comme hors de service lors de la délivrance du premier certificat d'existence.

Les effets hors de service resteront pour le compte des Propriétaires, et seront censés ne pas exister; ils devront être remplacés par des effets neufs dans le courant dudit trimestre, ainsi que le prescrit l'article XVI du présent.

Frais d'inventaires à la charge du Gouvernement ou des Propriétaires.

Les frais de ces inventaires seront avancés par les Propriétaires, qui seront remboursés par le Gouvernement, lorsque le service aura été trouvé dans un état satisfaisant; mais ils resteront à leur charge, toutes les fois qu'il y aura eu lieu à classer quelques-uns de leurs effets comme hors de service.

SECTION XI.

Dispositions diverses relatives aux Lits Militaires.

Art. LXVI.

Entretien des pavillons et casernes.

Le Ministre prendra des mesures pour que les pavillons et casernes où les lits doivent être placés, soient continuellement en bon état de réparation, de façon que les effets des lits ne puissent être endommagés, soit par la pluie ou autrement, et qu'il n'arrive aucune perte ou dépérissement.

Il sera aussi donné des ordres pour que les casernes soient garnies de bancs, tables, rateliers et planches à pain, afin d'éviter que les troupes ne gâtent ni ne détruisent les lits.

Art. LXVII.

Indemnités pour pertes par force majeure.

Si une des places dans lesquelles les Propriétaires auraient leurs magasins était prise par l'ennemi, ou bien, s'il survenait quelque perte par incendie, par vol, par des magasins humides, découverts et non suffisamment fermés et entretenus, ou bien par quelques autres cas prévus ou imprévus, non causés par leurs faits ou celui de leurs Gardes-magasins ou Commis, les effets qu'ils justifieront avoir été perdus, leur seraient payés de même que le montant des dégâts et dommages, d'après des procès-verbaux de reconnaissance et d'évaluation dressés par le Commissaire des guerres, avec l'assistance d'experts, nommés respectivement par lui et par les Préposés des Propriétaires.

Ces procès-verbaux devront être rédigés dans les trois jours de l'évènement; une double minute en sera remise au Préposé des Propriétaires, qui devront la faire parvenir au Ministre dans les dix jours de sa date; à défaut de quoi, ils perdront tous leurs droits à une indemnité.

Les dégâts et dommages provenant de magasins humides, découverts et non suffisamment fermés et entretenus, sont entièrement à la charge des Propriétaires, là où il leur est alloué l'indemnité stipulée dans la quatrième section du présent bail.

Les factionnaires nécessaires à la sûreté des magasins, buanderies et sécheries, seront fournis lorsque les localités et la force des garnisons le permettront.

Art. LXVIII.

Dans tout autre cas que ceux prévus par l'article ci-dessus, les Propriétaires ne pourront prétendre à aucune indemnité, soit pour dégradation ou frais extraordinaires, soit pour perte, de quelque cause qu'elle provienne.

Dans tout autre cas, il n'y aura pas lieu à accorder d'indemnité.

Art. LXIX.

Tous les effets des lits militaires qui seraient découverts dans des lieux étrangers, au service ou entre les mains de personnes qui n'y auraient pas droit, ou qui n'en auraient pas donné récépissé, pourront être saisis et réclamés par les Propriétaires, comme

Les effets des lits militaires sont assimilés à ceux du Gouvernement.

s'il s'agissait d'effets appartenant au Gouvernement, et les Commissaires des guerres interposeront leur autorité pour la remise de ces effets; ils feront même poursuivre, par qui de droit, leurs détenteurs.

ART. LXX.

Les Propriétaires consentent à la retenue de 2 p% pour les invalides sur les ordonnances qui leur seront délivrées.

Les Propriétaires consentent que les ordonnances de paiement qui leur seront délivrées, soient sujettes à la retenue de deux pour cent pour la caisse des invalides.

N'aura pas lieu sur les secours.

Cette retenue ne pourra point avoir lieu sur les ordonnances qui leur seront délivrées pour les secours stipulés à l'article XLIV du présent bail.

Ne pourra être faite sur les rembourseinens.

Elle ne pourra non plus leur être faite sur les ordonnances qui leur seraient délivrées en remboursement d'avances, soit pour frais de transports, travaux extraordinaires, montages et démontages, frais d'expertise, procès-verbaux de pertes et dégradations, dépréciation d'effets par eux prêtés en exécution des articles XLI et XLII.

ART. LXXI.

Cette retenue ne pourra être augmentée.

Si, par la suite, il était établi des retenues autres que celle de deux pour cent stipulée ci-dessus, ou si celle-ci était augmentée, comme aussi s'il était établi à l'avenir des droits n'existant pas aujourd'hui à l'entrée des villes sur les marchandises et objets servant à la confection des lits et fournitures, ces retenues et droits seraient supportés par le Gouvernement; et si les Propriétaires en faisaient l'avance, ils en seraient remboursés tous les trimestres en produisant les pièces justificatives de ces avances, et en prouvant l'emploi pour leur service. Il est entendu que tous droits à l'entrée du Royaume des objets tirés de l'étranger, resteront à la charge des Propriétaires.

ART. LXXII.

Les Propriétaires seront mis, le plutôt possible, en possession de tous les effets de casernement appartenant au Gouvernement, et existant dans les places et magasins du Royaume.

Remise qui sera faite aux Propriétaires des effets existans.

Il sera fait estimation de ces effets par des experts, dont l'un sera choisi par les Propriétaires ou leurs Préposés, et l'autre nommé par le Commissaire des guerres, assisté d'un Membre de la Municipalité.

Mode d'estimation.

Le montant de ces effets sera imputable sur les avances ou secours stipulés à l'article XLIV du présent bail, et à cet effet il sera établi deux classes d'estimation des lits repris.

Imputable sur les secours.

La première classe, composée des effets en bon état et prêts à servir, dont toutefois le prix estimatif sera retenu par trimestre sur les loyers dus aux Propriétaires pendant le cours du bail, tiendra lieu de l'avance accordée pour un nombre égal d'effets neufs réduits en fournitures complètes.

La deuxième classe, composée des effets à réparer ou hors de service, formera un capital dont également les Propriétaires seront redevables au Gouvernement, et qui sera de même retenu, par trimestre, sur les loyers pendant le cours du bail, et ils seront obligés de fournir sans avance autant de bons lits que le dividende d'estimation de cette deuxième classe contiendra de fois cent vingt francs, valeur représentative d'un bon lit.

En conséquence, ils devront de suite faire etablir ces lits, qui feront partie de ceux fixés dans la place où la reprise d'effets a eu lieu.

ART. LXXIII.

Les Propriétaires, comme possesseurs des lits quils auront fait établir ou qui leur auraient été remis d'après les articles qui précèdent, n'en pourront être dépossédés à l'expiration du présent bail, qu'autant qu'ils seront remboursés comptant, par leurs suc-

Remises du service à l'expiration du bail.

cesseurs, sur le pied d'estimation faite par experts nommés contradictoirement par chacune des parties, et, en cas de partage, par un tiers-expert nommé par la Municipalité, ou sur le pied dont ils conviendront de gré à gré du prix de tous les effets qui leur appartiendront alors; faute de quoi, les Propriétaires continueraient leur jouissance ainsi qu'auparavant, et seraient payés sur le pied et aux mêmes clauses et conditions du présent bail.

TITRE II.

Ustensiles de Casernes.

SECTION PREMIÈRE.

De la composition des Ustensiles.

ARTICLE PREMIER.

Objet du bail. Les Propriétaires des lits militaires sont chargés de l'entretien et des réparations annuelles à faire aux ustensiles de casernes, ainsi qu'il est dit article premier du présent bail.

ART. II.

Détail des Ustensiles à entretenir. Le Ministre se charge de faire garnir les casernes, aux frais du Gouvernement et à titre de première mise seulement, de tous les ustensiles nécessaires, lesquels consistent dans les objets détaillés ci-après; savoir :

FONTE.

Marmites. — En nombre et dimension tels que les localités l'exigeront.

FER-BLANC.

Bidons. — Un pour dix hommes, pour les chambrées.
— Un pour le corps-de-garde de police.
— Un par salle de police.

Gamelles. — Une pour dix hommes, pour les chambrées.

Lanternes. — Une par corps-de-garde de police.

BOIS.

Tables.—1.° Une pour dix hommes dans les chambrées;

—2.° Une pour chaque cuisine;

—3.° Une au corps-de-garde de police;

—4.° Une petite à tiroir, par compagnie, pour servir aux Sergent-major et Fourrier à faire leurs écritures;

—5.° Une semblable pour les Adjudans.

Bancs.—Un pour cinq hommes dans les chambrées; ceux nécessaires aux corps-de-garde suivant la force des gardes de police.

Rateliers d'armes.—1.° Pour fusils d'infanterie, —Pour carabines de cavalerie, —Pour sabres de cavalerie, —Pour pistolets de cavalerie, —Pour cuirasses de cavalerie, } En raison du nombre d'hommes logés dans les chambrées;

—2.° Les rateliers d'armes ci-dessus désignés, nécessaires dans les chambres des Sergens-majors ou Maréchaux-des-logis-chefs, pour y placer les armes des hommes absens;

—3.° Les rateliers pour fusils ou carabines, nécessaires dans les corps-de-garde de police, selon leur force.

Planches à pain.—A raison d'un pied courant par lit.

Tablettes.—1.° *De chevet.* A raison de trois pieds courant par chaque lit, et lorsque les chevilles sont en bois, sur lesdits trois pieds garnis de quatre chevilles dans les casernes d'infanterie, et de six chevilles dans les casernes de cavalerie;

—2.° Celles nécessaires dans la cuisine;

—3.° Celles nécessaires dans les chambres des Sergens-majors ou Maréchaux-des-logis-chefs, pour placer les effets des hommes absens; } établies selon les localités.

Porte-Selles.—En raison du nombre de chevaux à placer dans les écuries des casernes.

Brouettes, *Civières*, *Pelles*, } Une par chaque corps-de-garde de police.

Les rayons, tablettes, étagères et tables nécessaires dans les magasins d'habillement établis dans l'intérieur des casernes, les rateliers d'armes, chevilles, boutons de porte-manteaux.

Les établis, bancs, tablettes et étagères nécessaires dans les logemens et ateliers des Maîtres-ouvriers régimentaires.

Les tonneaux à eau établis dans les casernes qui n'ont point d'eau à proximité.

FER.

Chevilles.—1.° Quatre par trois pieds courant de tablettes de chevet dans les casernes d'infanterie; —2.° Six *idem* dans les casernes de cavalerie. } Lorsque ces chevilles ne sont pas en bois.

Porte-Selles.—En raison du nombre de chevaux à placer dans les écuries des casernes.

Ratissoires,
Pioches,
Scies,
Chandeliers. } Un par chaque corps-de-garde de police.

SECTION II.

Moyen de pourvoir au Service.

Art. III.

Les Propriétaires devront se charger des ustensiles neufs à fournir.

Les Propriétaires des lits militaires se chargeront de faire établir ces objets, si le Ministre le désire, et alors il leur fera les fonds nécessaires à cette dépense, dont ils devront lui remettre des devis certifiés par les Officiers du génie ou Inspecteurs des bâtimens militaires, et obtenir son approbation; moitié du montant des ustensiles qui devront être établis sera, sur-le-champ, avancée aux Propriétaires des lits militaires, et l'autre moitié payée sur la remise des procès-verbaux constatant leur existence.

Art. IV.

Ils devront se charger aussi des ré-

Ils devront aussi se charger, si le Ministre le désire, des réparations à faire pour mettre en état de service les ustensiles de casernes qui, déjà existant, leur seraient remis pour être par eux entretenus, et ils devront de même fournir les devis ci-dessus spécifiés; la dépense leur sera payée ainsi qu'il est dit article III ci-dessus.

paration de ceux de reprise.

ART. V.

Forme, dimension, etc. des ustensiles neufs.

Les ustensiles neufs qui seront à établir, devront, pour la forme, les dimensions et l'épaisseur des bois, être conformes aux modèles en petit, déposés dans les bureaux du Ministre, et dont les doubles, revêtus du sceau du Ministère, ont été remis aux Propriétaires.

Les bois durs substitués à ceux de sapin.

Toutes les fois que les localités le permettront, les bois durs seront substitués aux bois de sapin, et cette mesure devra nécessairement avoir lieu, si elle n'élève point la dépense à pour cent, de plus que si l'on employait des bois de sapin; en conséquence, il sera toujours fourni des doubles devis de la dépense à faire en employant des bois de l'une ou l'autre qualité.

ART. VI.

Changemens dans les formes et dimensions.

Le Ministre se réserve d'ordonner les changemens dans les formes et dimensions, que les localités rendront nécessaires, sans toutefois qu'il puisse être alloué une plus grande quantité d'ustensiles que celle détaillée dans l'article II ci-dessus, proportionnellement au nombre d'hommes indiqués.

ART. VII.

Tolérance à l'égard des ustensiles de reprise.

L'article VI, section Ière du titre Ier du présent bail, est applicable aux ustensiles remis aux Propriétaires des lits militaires.

SECTION III.

De la remise des Ustensiles pour les entretenir.

ART. VIII.

Ustensiles neufs confectionnés par les soins des Propriétaires.

Les Ustensiles neufs que les Propriétaires des lits militaires feront établir, seront reçus, en présence du Commissaire des guerres, par l'Officier du génie ou Inspecteur des bâtimens militaires; en cas de contestation à cet égard, le Commissaire des guerres nommera un expert, et les Propriétaires ou leur Préposé en nommeront un second, qui, de concert, procéderont à la réception; en cas de partage des experts, le tiers-expert sera nommé par la Municipalité du lieu.

Le Commissaire des guerres dressera procès-verbal de cette réception, en indiquant les prix alloués par le devis approuvé par le Ministre. Ce procès-verbal devra contenir la déclaration des Propriétaires des lits militaires ou de leur Préposé, en leurs noms, de rester chargé de l'entretien et conservation desdits ustensiles, et l'engagement de les rendre, à la fin de leur bail, en même valeur que celle portée au procès-verbal.

ART. IX.

Ustensiles neufs, livrés par des Fournisseurs.

Les ustensiles neufs qui auraient été établis par d'autre que par les Propriétaires des lits militaires, seront sujets, lors de leur réception, à une expertise estimative l'un des deux experts sera nommé par les Propriétaires des lits militaires ou leur Préposé, et l'autre par le Fournisseur des ustensiles; en cas de partage des experts, le tiers-expert sera nommé par le Commissaire des guerres; l'Officier du génie ou Inspecteur des bâtimens militaires devra également concourir à cette réception.

Le procès-verbal contiendra la déclaration des Propriétaires des lits militaires ou de leur Préposé, en leurs noms, de rester chargé de l'entretien et conservation des ustensiles reçus, et l'engagement de les rendre, à la fin de leur bail, en même valeur que le montant des estimations portées au procès-verbal.

ART. X.

Les ustensiles appartenant au Gouvernement, déjà existans, et dont il est question à l'article IV ci-dessus, seront remis aux Propriétaires des lits militaires, après avoir été préalablement réparés, sur les procès-verbaux estimatifs à dire d'experts, dont l'un choisi par le Commissaire des guerres, et l'autre par eux ou leur Préposé; en cas de partage, le tiers-expert sera nommé par la Municipalité; l'Officier du génie ou Inspecteur des bâtimens militaires devra également concourir à cette remise. Le procès-verbal contiendra la déclaration et l'engagement stipulé aux articles VIII et IX ci-dessus.

Ustensiles existans, appartenant au Gouvernement.

ART. XI.

Les procès-verbaux ci-dessus détaillés seront dressés à triple minute, dont une sera remise aux Propriétaires des lits militaires ou à leur Préposé, une envoyée au Ministre, et la dernière restera au Commissaire des guerres.

Minutes des procès-verbaux; à qui remises.

SECTION IV.

Remise des Ustensiles à la fin du Bail.

ART. XII.

A l'expiration du présent bail, les Propriétaires des lits militaires devant remettre les ustensiles de casernes dont l'entretien et la

Les Propriétaires doivent rendre en

même valeur. Procès-verbaux de remises à dresser.

conservation leur sont confiés, en même valeur qu'ils les ont reçus, ainsi qu'il est dit articles VIII, IX et X ci-dessus; il sera dressé par le Commissaire des guerres, en présence de l'Officier du génie, ou Inspecteur des bâtimens militaires ou leur Préposé, des procès-verbaux estimatifs à dire d'experts, de l'état et de la valeur des ustensiles existans. L'un des experts sera choisi par les Propriétaires ou leur Proposé, et l'autre par le Commissaire des guerres; le tiers-expert, en cas de partage, sera désigné par la Municipalité.

Ces procès-verbaux seront dressés à triple minute, dont il sera disposé comme il est détaillé à l'article ci-dessus; ils devront faire connaître la plus ou moins value que les ustensiles auront éprouvée.

Art. XIII.

Paiement de la plus ou moins value des ustensiles.

S'il résulte de l'expertise estimative ci-dessus que les ustensiles ont perdu de leur valeur, les Propriétaires des lits militaires seront tenus de payer comptant, au Gouvernement, le montant de cette moins value.

Comme aussi, s'il résultait de cette expertise estimative, que les Propriétaires des lits militaires eussent amélioré les ustensiles à eux confiés, ce qui ne pourrait résulter que des remplacemens qu'ils auraient pu faire en effets neufs pour ceux usés, le Gouvernement leur paiera comptant cette plus value.

SECTION V.

Manutention et réparations des Ustensiles.

Art. XIV.

Les ustensiles seront marqués et poinçonnés.

Les effets en bois, seront, par les soins de l'Officier du génie, ou l'Inspecteur des bâtimens militaires, marqués d'un fer chaud au chiffre de Sa Majesté.

Ceux en métal seront poinçonnés de ce chiffre.

Cette opération devra se faire aussitôt après la réception.

L'Officier du génie ou Inspecteur des bâtimens militaires sera dépositaire de ces marque et poinçon.

ART. XV.

Les ustensiles seront réparés et entretenus de manière à être constamment en bon état de service.

Les ustensiles seront constamment en bon état de service.

Les Propriétaires des lits militaires seront tenus de faire exécuter, à cet égard, les ordres qui seront donnés par l'Officier du génie ou Inspecteur des bâtimens militaires.

Cependant, dans les cas où lesdit Propriétaires ou leur Préposé croiraient que ces réparations ne sont point nécessaires, il sera nommé des experts de part et d'autre qui décideront la question; en cas de partage des experts, le tiers-expert sera désigné par la Municipalité du lieu.

Experts appelés en cas de contestations au sujet des réparations à exécuter.

ART. XVI.

L'article XVI, section III du titre I.er du présent bail, est applicable aux ustensiles.

Ustensiles hors de service remplacés par des neufs.

SECTION VI.

Des Bâtimens servant à l'Exploitation du service.

ART. XVII.

Lorsque les bâtimens militaires, désignés à la quatrième section du titre premier du présent bail seront fournis en nature, le local nécessaire à l'emmagasinage des ustensiles sera pris en considération, et devra faire partie de ceux à délivrer; mais dans les places où les Propriétaires des lits militaires reçoivent l'indemnité

Cas dans lesquels ils sont alloués.

L'indemnité allouée pour les lits applicable, et comprend les ustensiles.

de quatre-vingts centimes par lit, stipulée à ladite section, ils n'auront droit à aucune augmentation d'indemnité, lorsqu'il y aura impossibilité de leur fournir le local nécessaire à emmagasiner les ustensiles.

SECTION VII.

Service ordinaire.

Art. XVIII.

Destination des ustensiles.

Les ustensiles de casernes sont destinés aux sous-officiers et soldats, prisonniers de guerre condamnés aux travaux, corps-de-garde de police établis dans l'intérieur des casernes, ateliers et magasins régimentaires, salles et prisons de police, infirmeries régimentaires.

Art. XIX.

Proportions dans lesquelles les ustensiles seront fournis.

Les ustensiles de chambrées, mobiles, seront délivrés dans les proportions indiquées article II ci-dessus, quel que soit le service auquel ils seront employés.

Art. XX.

Les Officiers ne recevront point d'ustensiles.

Il ne sera point délivré d'ustensiles aux Officiers, attendu qu'ils les reçoivent du service des lits militaires, ainsi qu'il est dit article III, section Ire du titre Ier du présent bail.

Il n'en sera point délivré aux domestiques.

Il n'en sera point délivré pour leurs domestiques.

Art. XXI.

Les ustensiles des galeux seront marqués des lettres I. R.

Les ustensiles mobiles destinés aux galeux traités à l'infirmerie régimentaire, seront marqués et poinçonnés en outre des lettres I. R., et ne pourront jamais être employés à un autre usage.

ART. XXII.

Les états d'effectif et revues de départ désignés aux articles XXXI, XXXII, et XXXIV, section V du titre I.er du présent bail, serviront de base pour la délivrance des ustensiles et leur rentrée en magasin; mais il en sera délivré un récépissé particulier par l'Officier signataire de celui des lits, et il inscrira au dos de ce récépissé les remises d'ustensiles qu'il devra faire en même temps que celle des lits.

Pièces sur lesquelles les ustensiles seront délivrés et rendus.

ART. XXIII.

Ces récépissés devront être renouvelés au commencement de chaque trimestre, et les quantités d'ustensiles en service rétablis en proportion des besoins de la troupe, calculé sur l'effectif porté pour les lits, et en conformité des articles ci-dessus.

Renouvellement de ces récépissés, et régularisation des quantités en service.

ART. XXIV.

Lorsque les casernes ne seront point occupées, les marmites, bidons, gamelles, lanternes, brouettes, civières, pelles, ratissoires, pioches, scies et chandeliers, seront placés en magasin.

Ustensiles à remplacer en magasin.

Le surplus des ustensiles restera dans les casernes sous la responsabilité des caserniers, qui seront tenus de veiller à leur conservation.

Ustensiles en dépôt sous la responsabilité des caserniers.

SECTION VIII.

Service extraordinaire et changement dans les fixations.

1.° Les ustensiles ne seront point occupés par des troupes au passage.
2.° Ustensiles affectés à un service étranger.
3.° Prêts aux hôpitaux.
4.° Service imprévu.
5.° Transports d'ustensiles d'une place sur une autre.

ART. XXV.

Les articles XXXIX, section V, XL, XLI, XLII et XLIII, section VI du titre I.er du présent bail, sont applicables aux ustensiles.

ART. XXVI.

Augmentation des ustensiles.

L'article XLIV, section VI du titre I.er du présent bail, est applicable aux ustensiles, à l'exception du secours dont il y est fait mention, lequel ne doit point y être appliqué, vu les dispositions indiquées aux articles III et IV, section II du titre II du présent.

ART. XXVII.

Diminution des ustensiles.

L'article XLV, section VI du titre I.er du présent, n'est point applicable aux ustensiles; en conséquence, lors de la suppression des lits on ne payera plus le loyer des ustensiles.

SECTION IX.

De la distribution des Ustensiles aux troupes, et de leur rentrée en magasin.

1.° Transport des ustensiles mis en service et rentrés en magasin.
2.° Réception et mise en service.
3.° Echange de ceux susceptibles de réparation et hors de service, provenant de dégradation. Contestation à ce sujet.
4.° Remise des ustensiles au départ. Paiement des dégradations.
5.° Ustensiles fournis aux employés militaires.

ART. XXVIII.

Les articles XLVI, XLVII, XLVIII, XLIX et L, section VII du titre I.er du présent, sont en leur entier applicables aux ustensiles.

SECTION X.

Police dans les Casernes et Magasins.

Art. XXIX.

L'article LI, section VII du titre I.er du présent bail, est applicable aux ustensiles.

Les troupes ne pourront employer les ustensiles à aucun usage étranger au service et à leur destination.

De plus, il est expressément défendu aux troupes de se servir de leurs bidons pour transporter les alimens aux hommes de garde, attendu qu'ils sont exclusivement destinés à contenir leur boisson; il leur est aussi sévèrement défendu de poser les gamelles et bidons sur le feu, soit pour cuire, soit pour réchauffer les alimens ou toute autre chose : il leur est interdit de démonter les tables; de surcharger de choses étrangères au service les planches à pain, tablettes de chevet et rateliers d'armes; de détacher des murs aucune partie d'ustensiles; d'en distraire les fers attachés, etc.

Art. XXX.

1.° Réparations des ustensiles exécutées dans les casernes ou au magasin.
2.° Inspection des ustensiles par les Préposés du service.
3.° Défense de démonter,

Les artiles LII, LIII, LIV, LV et LVI, section VIII du titre I. du présent bail, sont applicables aux ustensiles.

déplacer et transporter les ustensiles.
4.° Devoirs des caserniers
5.° Défense de louer ou prêter les ustensiles.

SECTION XI.

Prix alloués pour le service des Ustensiles.

ART. XXXI.

Prix de l'entretien et prime d'occupation.

Il sera payé aux Propriétaires des lits militaires, par lit de fixation, et pour lesquels ils devront entretenir les ustensiles nécessaires, les prix ci-après :

Par fourniture complète ou demi-fourniture entretenue, un franc par an, ci. . . . . 1 fr.

Il leur sera en outre alloué une prime d'occupation dont le plus grand nombre de lits occupés à la fois dans chaque place dans le cours du trimestre servira de base ; elle est fixée ;

SAVOIR :

Par fourniture complète ou demi-fourniture, par trimestre cinquante centimes, ci. . . . . 50 c.

ART. XXXII.

Les ustensiles à fournir pour les demi-fournitures le seront en même qualité que pour les fournitures complètes.

Le prix de l'entretien et prime d'occupation étant les mêmes pour la fourniture complète et les demi-fournitures, les troupes, occupant ces dernières, auront droit aux mêmes ustensiles que celles occupant les fournitures complètes.

Art. XXXIII.

Les Propriétaires des lits militaires n'auront droit à aucune indemnité pour raison des ustensiles qu'ils entretiendront, là où il n'est point fourni de lits : tels que les corps-de-garde de police, ateliers et magasins régimentaires, cuisines, etc., et jamais il ne sera pris d'autre base de liquidation pour les paiemens que celle de l'entretien et de l'occupation des lits militaires.

Les Propriétaires n'ont droit à aucune indemnité pour les ustensiles en service, là où il n'y a point de lits.

Art. XXXIV.

Le montant du prix d'entretien et de la prime d'occupation, stipulés à l'article XXXI ci-dessus, sera acquitté conformément à l'article LVIII, section IX du titre I.er du présent bail.

Termes de paiement.

Art. XXXV.

L'article LIX suivant est applicable aux ustensiles.

Liquidation et paiement des frais de transport.

SECTION XII.

Mode de Comptabilité.

Art. XXXVI.

Les Propriétaires des lits militaires étant payés du prix d'entretien des ustensiles sur le pied des lits entretenus par chaque place, ils ne seront point tenus de fournir de certificat d'existence pour les ustensiles, celui des lits servira de pièce justificative.

Il ne sera point fourni de certificat d'existence.

Art. XXXVII.

Le plus grand nombre des lits occupés à la fois par place dans le cours d'un trimestre, servant de base à la prime d'occupation des ustensiles à payer aux Propriétaires des lits militaires, ainsi qu'il est stipulé article XXXI ci-dessus, le bordereau prescrit par

Le bordereau des lits occupés servira pour les ustensiles.

l'article LXII, section X du titre I.er du présent bail, servira de pièce justificative, à l'appui de la comptabilité concernant les ustensiles.

ART. XXXVIII.

État de loyer à fournir.

Il sera formé par les Propriétaires un état de loyer, portant décompte des sommes à eux dues, tant pour l'entretien que pour l'occupation des ustensiles de casernes. Cet état devra offrir le montant des loyers par place et par division militaire; il sera certifié sincère et véritable par les susdits Propriétaires.

Il sera adressé, après avoir été compris dans le bordereau général dont il sera question dans les dispositions générales du présent bail, à l'Inspecteur en chef aux revues, qui, après l'avoir vu, vérifié et arrêté, l'adressera au Ministre dans les dix jours qui suivront l'envoi qui lui en aura été fait.

ART. XXXIX.

1.° Inventaire des ustensiles à l'expiration de chaque année; 2.° Agens appelés à former ces inventaires.

Les articles LXIV et LXV, section X du titre I.er du présent bail, sont applicables aux ustensiles.

SECTION XIII.

Dispositions diverses relatives aux Ustensiles.

ART. XL.

Entretien des pavillons et casernes.

Le premier paragraphe de l'article LXVI suivant, y est également applicable.

ART. XLI.

Le Préposé du service appelé pour se concerter sur les mesures à

Lorsque les réparations à faire, ainsi qu'il est porté article XII, page 156 du Réglement du 15 octobre 1810, auront quelques rapports aux ustensiles dont l'entretien est confié aux Propriétaires des lits militaires, et exigeront quelques changemens dans les distributions desdits ustensiles; les Officiers du génie ou Inspecteurs des bâtimens militaires devront, en outre des Commissaires des guerres, se concerter avec les Préposés du service, afin qu'il soit pris des mesures pour que les ustensiles n'éprouvent aucun dommage extraordinaire; ce qui, dans ce cas, resterait à la charge du Gouvernement.

prendre relativement aux ustensiles, lorsqu'il y a des répartions à faire aux bâtimens.

En cas de déplacement d'ustensiles, le remplacement de ceux tenant à fer, clous et scellement, sera supporté par le Gouvernement.

Art. XLII.

Les articles LXVII, LXVIII, LXIX, LXX et LXXI, section XI du titre I.er du présent bail, sont entièrement applicables aux ustensiles.

1.° L'indemnité pour pertes par force majeure; 2.° Dans d'autres cas n'est point accordée; 3.° Les ustensiles considérés comme effets au Gouvernement; 4.° La retenue de 2 p. % faite, réservés à cet égard; 5.° Ne pourra être augmentée; accises, etc.

TITRE III.

Dispositions Générales.

Article premier.

Toutes les pièces formant la comptabilité du service des lits militaires et de l'entretien des ustensiles de casernes pendant un trimestre, que les Propriétaires des lits militaires fourniront, comme il est prescrit et stipulé dans le présent bail, seront réunies en un bordereau général sommaire, qui sera dressé par les Propriétaires, et certifié sincère et véritable par eux,

Bordereau général et sommaire du service.

ART. II.

Les Propriétaires ne sont point assujettis à la patente.

Le service dont les Propriétaires des lits militaires sont chargés, ne pouvant être considéré comme un service de fourniture proprement dite, ils ne seront pas tenus à prendre une patente pour raison de ce service; leurs cautions seront placées dans la même catégorie.

ART. III.

Le Ministre est juge des contestations.

Les Propriétaires se soumettent à ne reconnaître, pour juge des contestations qui pourraient survenir, que le Ministre, et par appel, le Conseil d'État; ils pourront, s'ils le jugent convenable, imposer la même obligation à leurs Préposés et Mandataires.

ART. IV.

Les employés, considérés comme employés militaires du génie, sont soumis aux lois et réglemens militaires.

Les Employés et Ouvriers du service du casernement seront considérés comme Employés et Ouvriers militaires du génie. Ils seront nommés et soldés par les propriétaires des lits militaires; leurs commissios seront visées par le Ministre; ils seront soumis aux lois et réglemens militaires, et pourront, en cas de prévarication, être poursuivis et jugés selon ces lois et réglemens.

Uniforme qui sera prescrit.

Le Ministre prescrira l'uniforme dont devront être revêtus, dans l'exercice de leurs fonctions et suivant leurs grades, les Administrateurs, Employés et autres personnes attachées au service.

ART. V.

Les Commissaires des guerres chargés de veiller à l'exécution du présent bail.

Les Commissaires des guerres veilleront particulièrement à l'entière exécution du présent bail, et n'apporteront aucun retard dans la vérification des dépenses et l'expédition des pièces et états.

Les Commissaires des guerres ne pourront d'ailleurs se dispenser, lorsqu'ils en seront requis par écrit, de constater et de faire estimer par experts, les pertes, dégradations et dépérissemens extraordinaires que les Propriétaires des lits militaires éprouveront, soit dans leurs effets, soit aux ustensiles, pourvu néanmoins que ces pertes, dégradations et dépérissemens ne proviennent point de leur fait ou du fait de leurs Préposés; ce qui sera toujours relaté dans les procès-verbaux.

Ne pourront se dispenser de constater les dégâts et pertes extraordinaires, lorsqu'elles ne proviendront pas du fait des Propriétaires ou de leurs Préposés.

ART. VI.

Les articles XXI, XXII, XXIII et XXIV, pages 151 et 152 du Réglement du 15 octobre 1810, sont applicables aux services des lits militaires et de l'entretien des ustensiles, dont les travaux seront toujours considérés comme travaux militaires.

Les mesures de police indiquées par le réglement sont applicables aux travaux relatifs au service.

ART. VII.

Lorsque les Agens désignés à l'article XI, page 156 du Réglement du 15 octobre 1810, se réuniront pour se concerter, ainsi qu'il y est dit, sur le service, le Préposé du casernement devra y être également appelé, s'il s'agit de quelque objet ayant rapport aux lits militaires et aux ustensiles de casernes; il ne pourra se dispenser d'y assister pour opérer conjointement et fournir les renseignemens nécessaires.

Le Préposé du service appelé aux conférences pour le bien de son service.

ART. VIII.

Le présent bail a son effet à compter du 1.er janvier présente année, sans cependant influer en rien sur tout ce qui a eu lieu précédemment, et en exécution des marchés passés les dix et treize janvier, vingt-huit février et premier avril dix-huit cent huit, entre Son Excellence le Ministre de la guerre et les sieurs *Jacob Benjamin* et *Emmanuel Mayer*; mais les remises de fonds

Effet du présent bail à l'égard des traités du sieur Jacob Benjamin et E. Mayer.

à titre de secours, remises d'effets de lits militaires en toute propriété, et remises d'ustensiles au Gouvernement à entretenir, restent et demeurent à la charge des signataires du présent bail, à la déduction toute fois des sommes qui ont été retenues par le Gouvernement, pour son remboursement, jusqu'à l'époque du 1.er janvier 1811.

Fait à Cassel, le 14 août 1811.

Signés, E. Mayer DALMBERT,
S. Mayer DALMBERT.

Je soussigné, *J. Béchamin* (ci-devant *Benjamin*), demeurant à Cassel, déclare, promets et m'engage par le présent, me porter garant et caution de l'exécution du bail ci-dessus passé par MM. S. et E. Mayer-Dalmbert; et, à cet effet, j'engage et hypothèque tout ce que je possède en meubles et immeubles, présens et à venir.

Cassel, le 14 août 1811.

Signé, J. BÉCHAMIN.

Vu, collationné, coté et paraphé par l'Inspecteur aux revues, Chef de division.

Signé, DUPLEIX.

Approuvé, pour être exécuté dans tout son contenu.

Cassel, le 14 août 1811.

Le Ministre de la guerre,
Signé, Comte de HÖNE.

MINISTÈRE DE LA GUERRE.

ROYAUME DE WESTPHALIE.

ETAT des Lits à entretenir dans les différentes places du Royaume, en exécution du bail passé avec MM. S. et E. MAYER DALMBERT.

DIVISIONS.	PLACES.	NOMBRE DE LITS A ENTRETENIR. Lits d'Officiers.	Lits de Soldats.	Demi-fournitures.	OBSERVATIONS.
1.er	Cassel.......	9	1,983	100	Parmi les 1983 lits de troupes, il y en aura 172 à une place pour Gardes-du-Corps.
	Paderborn.....	»	92	»	
	Heiligenstadt...	»	50	»	
	Ziegenhayn....	35	920	50	
	Homberg.....	»	360	36	Ces lits seront établis en 1811.
2.e	Brunswick.....	4	401	217	Parmi les 401 lits de troupes, sont compris 70 lits à une place pour l'École militaire, et parmi les 217 demi-fournitures, sont comprises 180 demi-fournitures pour condamnés aux travaux publics.
	Wolfenbüttel...	»	401	36	
	Hildesheim....	»	720	»	Ces lits ne sont point encore établis, et ne le seront que conformément à la décision de Sa Majesté, du 12 novembre 1810.
3.e	Magdebourg...	»	3,400	220	
4.e	Hanovre.......	»	1,500	150	Ces lits sont établis par la ville de Hanovre, en conformité de la décision de Sa Majesté, du 12 novembre 1810.
	TOTAL......	48	9,826	809	

TARIF

Du prix de chaque objet composant une bonne fourniture, pour servir aux remboursemens à faire des effets manquans, en exécution de l'article XII, section VII du titre I.er du Bail, des Sieurs S. et E. MAYER DALMBERT, *pour le service du Casernement ;*

SAVOIR ;

Un bois de lit, onze francs, ci...............................	11 fr.	« c.
Une paillasse, six francs, ci...............................	6	«
Un matelas, quarante-deux francs, ci...............................	42	«
Un traversin, sept francs, ci...............................	7	«
Un sac à paille, un franc cinquante centimes, ci...............................	1	50
Une couverture, vingt-quatre francs, ci...............................	24	«
Une paire de draps, quinze francs, ci...............................	15	«

Cependant les Corps ont la faculté de remplacer les effets en nature, pourvu que cela se fasse dans les valeurs, poids et dimensions prescrits par les articles 2, 4 et 5 de la I.re section du titre I.er du bail.

N.° 9.

Traduit de l'Allemand.

Le Tribunal de la ville de Magdebourg et de son arrondissement vous expédie la copie de la demande faite contre vous par le Magistrat de cette ville, ainsi que les pièces ci-jointes y relatives, que vous trouverez, avec la sommation de satisfaire de suite le plaignant, conformément à sa demande, ou, dans le cas où vous ne vous croiriez pas tenu de comparaître devant M. Fahrenholz, Conseiller de justice, dans le lieu de ses audiences, après avoir pris connaissance de la demande, le dix-huit novembre courant, et de produire alors tous les renseignemens qui pourraient servir à l'éclaircissement de l'affaire; de même que tous certificats et toutes autres pièces qui pourraient se trouver entre vos mains, et y contribuer de quelque manière que ce soit.

Dans le cas où vous seriez empêché de comparaître en personne dans le délai fixé, soit pour cause de maladie, soit pour les occupations de votre emploi, pour toute autre cause quelconque valable, vous devrez en justifier, par des certificats dignes de foi et en bonne et due forme, avant ledit délai, ou donner à un des Conseillers de justice de cette ville les pouvoirs et les instructions nécessaires pour qu'il puisse vous représenter dans ce procès, et ce surtout dans le délai mentionné; le Tribunal vous propose, en conséquence, pour vous servir de Procureur fondé de pouvoirs, Monsieur le Commissaire de justice Andrac. Faute de justifier d'un empêchement légitime de comparaître, dans ledit délai, en personne ou par un fondé de pouvoirs, l'objet de la demande faite contre vous sera regardé comme juste et non susceptible de réplique, et vous serez condamné à ce que de droit, conformément

No. 9.

Von dem hiesigen Land-und Stadtgericht wird jhnen die von dem hiesigen Magistrat wider Sie angebrachte Klage nebst Beylage abschriftlich zugefertigt, mit der Auflage den Kläger seinem Antrage gemäss vodersamst zu befriedigen, oder, wenn sie sich dazu nicht verpflichtet halten, in dem vor unserm Abgeordneten dem Herrn Justiz-Rath Fahrenholz auf den Achtzehnten November C[t]. angesetzten Termine an Gerichtsstelle zu erscheinen, sich über die Klage vernehmen zu lassen, und alle zur vollständigen Erörterung der Sache gehörigen Nachrichten mittheilen, auch die in ihren Händen etwa befindlichen Urkunden und andere Schriften die zur Aufklärung der Sache beytragen können einzureichen.

Falls Sie durch Krankheit, Berufsgeschäfte, oder andere erhebliche Hindernisse abgehalten werden sollten, den termin abzuwarten, so haben Sie dies zeitig vor dem termin anzuzeigen, und durch glaubhafte Zeugnisse zu bescheinigen, oder einen der hiesigen Justiz-Commissarien, wozu wir jhnen der Herrn Justiz-Commissarius Andrae vorschlagen, mit hinlänglicher Vollmacht und Information zu versehen, damit derselbe ihre Gerechtsame in diesem Prozess, und besonders in dem obbemerkten Termine versehe. Wenn Sie indessen nicht sich melden, auch in dem angesetzten Termine ausbleiben werden, so haben Sie zu gewärtigen, dass die in der Klage vorgetragene Thatsache für richtig angenommen, und dasjenige, was nach diesen Thatsachen und den Vorschriften der Gesetze Rechtens

14

à ladite demande et aux loix qui sont applicables à ce cas; et à la poursuite, du demandeur on procédera à la mise en exécution.

Magdebourg, le premier août mil-huit cent quinze. Le Tribunal royal civil Prussien de la ville et de son Arrondissement.

A Monsieur Emanuel Mayer DALMBERT,
à Paris.

Traduit de l'Allemand.

Comme fondé de pouvoirs du Magistrat de la ville de Magdebourg, j'ai l'honneur d'envoyer à votre Exellence les actes ci-joints, concernant son affaire, contre les Entrepreneurs Jacques Béchamin de Dresde, et Emanuel Meyer Dalmbert de Paris, défendeurs, et la saisie-arrêt qui a eu lieu sur des lits et ustensiles destinés au casernement, et appartenant auxdits défendeurs, et prie en conséquence votre Excellence, humblement, de faire déterminer l'époque pour répondre à l'instance, et pour l'instruction de l'affaire. J'ai joint auxdits actes une note des frais de timbre.

J'ai l'honneur d'être avec respect de votre Excellence,

Signé, VOLOKO.

PÉTITION.

La ville de Magdebourg ayant passé un contrat en date du dix décembre mil huit cent huit, avec les Entrepreneurs d'alors, le sieur Jacques Béchamin et le sieur Emanuel Meyer Dalmbert, pour la fourniture des lits militaires, duquel contrat il résulte que la ville de Magdebourg a à réclamer desdits une avance de quarante-quatre mille huit cents thalers; et les débiteurs n'étant plus ici, mais le premier résidant à Dresde et le dernier à Paris, le Magistrat de la ville de Magdebourg se croit autorisé à faire

ist, wider Sie erkannt, und auf fernern Antrag des Klägers mit der Execution verfahren werden wird.

Magdeburg den 1.ten August, 1815. Königl-Preuss-Land-und-Statd-Gericht; unterzeichnet: Cortenoble.

An den Herrn Emanuel Mayer DALMBERT,
zu Paris.

P. P.

ALS Bevollmächtigter des hiesigen Magistrats, überreiche ich hier anliegend die sechs folio enthaltenden Acten desselben, in Sachen seiner wider die Entrepreneurs Jacob Benjamin zu Dresden und Emanuel Mayer Dalmbert zu Paris, Beklagte, wegen des Arrest-Schlags auf die Casernements-Betten und Ustensilien der Beklagten, und bitten E. Wohlgebohren, ganz gehorsamst, zur Beantwortung der Klage und Instruction der Sache, einen Termin ansetzen zu lassen.

Ein Verzeichniss der in der Sache verbrauchten Stempfel habe ich beygelegt.

Mit dem grössten Respect, E. Wohlgebohren,

VOLOKO.

Magdeburg, den 26ten. July, 1815.

GEHORSAMSTE BITTSCHRIFT.

DIE Stadt Magdeburg hat, unterm 10.ten December Achtzehnhundert acht, mit den ehmaligen Entrepreneurs der Militair-Betten, Herrn Jacob Benjamin und Emanuel Mayer Dalmbert, einen Contract geschlossen, aus welchem dieselbe an letztere einen Vorschuss von 44,800 Reichsthaler zu fordern hat. Da die Schuldner jetzt nicht mehr hier sind, sondern ersterer in Dresden, letzterer in Paris wohnhaft ist, so hält sich der Magistrat der Stadt Magdeburg für berechtigt, sämmtliche der vorgedachten Entrepreneurs gehörige

mettre saisie-arrêt entre les mains du Directeur des lits militaires, M. Levot et de M. Fournier, casernier royal Prussien, sur les lits et ustensiles de caserne qui se trouvent ici en dépôt, et appartenant aux deux dits Entrepreneurs, conformément à l'article 754 du Code de procédure civile.

En conséquence, le soussigné, avoué mandataire du Magistrat, prie très-humblement Monsieur le Prèsident du Tribunal civil royal de lui accorder la permission de procéder à ladite saisie-arrêt.

Magdebourg, le cinq octobre mil huit cent quatorze.

Le Procureur du Tribunal,
Signé, DELBRUCHS.

ORDONNANCE.

Il est permis au Magistrat de la ville de Magdebourg, de mettre la saisie-arrêt entre les mains du Directeur Levot, et du casernier Fournier, sur les lits de caserne et ustensiles qu'ils ont en dépôt, appartenant aux Entrepreneurs Jacques Béchamin, et Emanuel Meyer Dalmbert, pour garantie de la somme de quarante-quatre mille huit cents thalers, que ledit Magistrat prétend que lesdits ex-Entrepreneurs doivent à la ville.

Magdebourg, le neuf octobre mil huit cent quatorze.

Le Président da Tribunal,
Signé, VAUGERON.

Je soussigné, mandataire et Procureur fondé de pouvoirs de l'honorable Magistrat de la ville de Magdebourg, requiers et autorise par ces présentes le sieur Mengemein, Huissier audiencier, en vertu de l'ordonnance ci-jointe, en original, de Monsieur le Président du Tribunal royal civil, de mettre arrêt sur les lits et ustensiles

hierselbst in Verwahrung des Directors der Militair-Betten, Herrn Levot und des Königlichen Preussischen Casernier, Herrn Fournier befindlichen Casernen-Betten und Ustensilien nach Zulassung des Art. 754 der bürgerlichen Procesordnung Behufs seiner daraus zu entnehmenden Befriedigung mit Arrest-Belagen zu belasten. Unterzeichneter, Anwalt des Magistrats, bittet daher den Herrn Präsidenten des Königlichen hochlöblichen Civil-Tribunals ganz gehorsamst um die Erlaubniss zu dieser Arrest-Anlegung.

Magdeburg, den fünften October Achtzehnhundert vierzehn.

Der Tribunal-Procurator,

DELBRUCHS.

ORDONNANCE.

Es WIRD dem hiesigen Magistrat ERLAUBT, wegen einer Fodrung von angeblich 44,800 Reichsthaler an die Entrepreneurs Jacob Benjamin und Emanuel Mayer Dalmbert deren in Verwahrung des Herrn Directors Levot und Casenrier Fournier allhier seyenden Casernen-Betten und Ustensilien bey demselben auf obige Summe mit Arrest zu belegen.

Magdeburg, den 9.ten october 1814.

Der Tribunal-Prasident,

WAUGERON.

Ich Endes Unterschriebener, als Anwalt und Bevollmächtigter des wohllöblichen Magistrats der Stadt Magdeburg, requirire und bevollmächtige hierdurch den Audienz-Huissier Herrn Mengenwein auf den Grund der im Original anliegenden Erlaubniss des Herrn Präsidenten des hiesigen Königlichen Civil Tribunals sämmtliche den vormaligen Westphälischen Entrepreneurs der Militair-Betten, Herrn

de casernement qui se trouvent emballés dans la cour de la brasserie, et confiés aux sieurs Levot, Directeur, et Fournier, casernier; lesquels lits et ustensiles appartiennent aux sieurs Jacques Béchamin, et Emanuel Mayer Dalmbert, ex-Entrepreneurs, Westphaliens, demeurant, le premier à Dresde, et l'autre à Paris, pour garantie de la somme de quarante-quatre mille huit cents thalers, que la ville de Magdebourg réclame contre eux.

Magdebourg, le dix octobre mil huit cent quatorze.

Le Procureur du Tribunal,

Signé, DELBRUCHS.

ORDONNANCE.

Il est permis au Magistrat de la ville de Magdebourg, de mettre arrêt, entre les mains du Directeur Levot, et du Casernier Fournier, sur les lits et ustensiles qu'ils ont en dépôt, et appartenant aux Entrepreneurs Jacques Béchamin et Emanuel Mayer Dalmbert, pour garantie de la somme de quarante-quatre mille huit cents thalers, qu'il prétend que lesdits Entrepreneurs doivent à la ville.

Magdebourg, le neuf octobre mil huit cent quatorze.

Le Président du Tribunal,

Signé, VAUGERON.

L'an mil huit cent quatorze et le douze octobre, à Magdebourg.

Je soussigné, Fréderic Charles Mengewein, Huissier audiencier près le Tribunal royal civil de Magdebourg, y domicilié, à la requête de M. Delbruck, Procureur dudit Tribunal, mandataire et fondé de pouvoirs de l'honorable Magistrat de la dite ville, et en conséquence de l'ordonnance de Monsieur le Président du Tribunal royal civil, datée du neuvième de ce mois, ai mis arrêt sur les lits et ustensiles de casernement, confiés en dépôt au sieur Levot,

Jacob Benjamin und Emanuel Mayer Dalmbert, jetzt resp. zu Dresden und Paris wohnhaft, gehörigen in der Verwahrung des Herrn Directors Levot und des Caserniers Herrn Fournier hieselbst befindlichen auf dem Brauerhof zusammengepackten Casernen-Betten und Ustensilien wegen einer der Stadt Magdeburg an die vorgedachten Entrepreneurs zustehenden Fodrung von vier und vierzig tausend acht hundert Thaler mit Arrest zu belegen.

Magdeburg, den 10.ten October, Tausend acht hundert vierzehn,

Der Tribunals Procurator,

DELBRUCHS.

ORDONNANCE.

Es WIRD dem hiesigen Magistrat ERLAUBT, wegen einer Fodrung von angeblich 44,800 Reichsthaler an die Entrepreneurs Jacob Benjamin und Emanuel Mayer Dalmbert der in Verwahrung des Herrn Directors Levot und Caserniers Fournier allhier seyenden Casernements-Betten und Ustensilien auf höhe obige Summe mit Arrest zu belegen.

Magdeburg, den 9.ten October, 1814,

Der Tribunals-President,

WAUGERON.

MAGDEBURG, den 12.ten October Tausend acht hundert vierzehn;

Am heutigen Tage habe ich unterzeichneter Friedrich Carl Mengewein, Audienz-Huissier des hiesigen Königlichen Civil-Tribunals, hier wohnhaft, in Auftrag des Herrn Tribunals-Procurator Delbruchs allhier, als Anwalt und Bevollmächtigter, des hiesigen wohllöblichen Magistrats und in Gemässheit vorstehenden Ordonnance eines hohen Präsidii des hiesigen Königlichen Civil-Tribunals, vom 9.ten d. M. die in der Verwahrung des Herrn Directors Levot und des Caserniers

Directeur, et au sieur Fournier, Casernier dans cette dite ville, et appartenant aux ci-devans Entrepreneurs Westphaliens des lits des casernes, les sieurs Jacques Béchamin et Emanuel Mayer Dalmbert, le premier domicilié à Dresde, et l'autre à Paris, pour répondre de la somme de quarante-quatre mille huit cents thalers, que le Magistrat de la ville de Magdebourg réclame contre eux.

Lequel arrêt-saisie a été mis avec sommation aux sieurs Levot, Directeur, et Fournier, Casernier, au nom du Roi et de la loi, de ne remettre à personne les susdits lits et ustensiles de casernement, à eux confiés, pour garantie de la somme de quarante-quatre mille huit cents thalers, sous la responsabilité personnelle de la somme, jusqu'à nouvel ordre, et en attendant une décision de la part de qui de droit.

Une copie du présent acte de saisie-arrêt et de l'ordonnance y contenue, a été laissée par moi à la demeure de M. le Directeur Levot, après avoir exhibé les originaux à M. Seeleitner, son commis, que je trouvai en son absence, et qui, à ma requête, a signé l'original de la présente saisie-arrêt, signé SEELEITNER.

J'ai laissé encore une copie du présent acte de saisie-arrêt, et de l'ordonnance portée en tête, à la demeure de M. Fournier, casernier, après avoir exhibé les originaux; et son épouse, qui s'y trouvait, à qui a signé, en son absence, sur l'original, de ce requise.

Signé, AUGUSTINE FOURNIER.

Signé, MENGEWEIN.

INSTANCE formée par le Magistrat de la ville de Magdebourg, demandeur,

CONTRE

Les Entrepreneurs Jacques Béchamin de Dresde, et Emanuel Dalmbert de Paris, défendeurs.

La ville de Magdebourg conclut, le dix décembre mil huit cent huit, avec lesdits défendeurs un marché, en conséquence duquel

Herrn Fournier hieselbst befindlichen, den vormaligen Westphälischen Entrepreneurs der Militair-Betten Herrn Jacob Benjamin und Emanuel Mayer Dalmbert resp. zu Dresden und Paris wohnhaft, gehörigen Casernen-Betten und übrigen Ustensilien auf höhe einer angeblichen Fodrung des hiesigen Magistrats von vier und vierzig tausend acht hundert Thaler mit Arrest belegt, indem ich den Herrn Director Levot und Casernier Herrn Fournier im Namen des Königs und des Gesetzes aufgefodert habe, obgedachte in ihrer Verwahrung befindlichen Casernen-Betten und Ustensilien auf Höhe des Betrags von vier und vierzig Tausend acht hundert Thaler bis nach erfolgter Justification dieses Arrest bey eigner Haftung inne zu behalten, und solche an Niemanden verabfolgen zu lassen.

Eine Abschrift dieser Arrest-Urkunde und der darin erwähnten Ordonnance, habe ich unter Vorzeigung des Originals dem Herrn Director Levot allhier in seiner Wohnung zurückgelassen, und hat der Employé in dessen Bureau Herr Seeleitner, welchen ich in seiner Abwesenheit antraf, auf meine Auffodrung das Original der Arrest-Urkunde unterzeichnet: Seeleitner.

Eine Abschrift dieser Arrest-Urkunde und der darin erwähnten Ordonnance habe ich unter Vorzeigung des Originals dem Casernier Herrn Fournier allheir in seiner Wohnung zurückgelassen, und hat dessen Frau, welche ich in seiner Abwesenheit antraf, auf meine Auffodrung das Original der Arrest-Urkunde unterzeichnet:

Augusta FOURNIER.

MENGEWEIN.

KLAGE des Magistrats der Stadt Magdeburg, Kläger,

WIDER

Die Entrepreneurs Herrn Jacob Benjamin, zu Dresden, und Emanuel Mayer Dalmbert, zu Paris, Beklagte.

Die Stadt Magdeburg schloss, unterm 10.ten December 1808, mit obbemeldeten Beklagten einen Contract, laut dessen letztere von der

ils requrent une avance de la ville, pour la fourniture des lits et ustensiles nécessaires au casernement des troupes, de laquelle avance il leur reste encore quarante-quatre mille huit cents thalers; la ville croit avoir le droit de réclamer maintenant cette avance en argent comptant desdits défendeurs, et de poursuivre cette réclamation contre eux par une action particulière; et, afin d'assurer à ladite ville la satisfaction convenable et une garantie de ladite somme, le Magistrat de ladite ville de Magdebourg, attendu que les sieurs défendeurs ne se trouvent pas dans ce pays, et, en conséquence de l'article 754 du Code de procédure civile, s'est cru autorisé à faire mettre sur les objets susmentionnés, appartenant aux défendeurs, et qui se trouvent dans cette ville, la saisie-arrêt ci-jointe, cotée B, le douze octobre de cette année, en vertu de l'Ordonnance du neuf octobre de l'année courante, cotée A.

Le Demandeur, en signifiant ladite saisie-arrêt aux sieurs Défendeurs, par les présentes, les cite, et donne assignation de comparaître devant le Tribunal civil royal de cette ville, et les somme de se constituer un Avoué dans le délai légal de quarante jours, pour le sieur Béchamin, et de quatre-vingt-dix jours, pour le sieur Mayer Dalmbert, sous peine de se voir condamner par défaut conformément aux lois, de voir confirmer ladite saisie-arrêt, et de voir déclarer que le Magistrat soit autorisé à se faire payer sur les objets saisis de la somme réclamée par la ville de Magdebourg, de tout ce à quoi les Défendeurs seront condamnés dans le procès particulier et des frais de la procédure, et à requérir que l'exécution du jugement provisoire à intervenir soit ordonnée.

Le Magistrat poursuivant a constitué son Avoué le Procureur soussigné.

Signé, **DELBRUCHS**,

Procureur du Tribunal.

Stadt zur Anschaffung der erforderlichen Casernen-Betten und Ustensilien einen Vorschuss erhielten, auf welchen die Summe von vier und vierzig tausend acht hundert Thaler noch rückständig ist. Die Stadt hält sich für berechtigt diesen Vorschuss von den Beklagten jetzt baar zurückzuverlangen, und führt dieses Recht in einem besondern Process wider dieselben aus. Um wegen dessen, was die in diesem besondern Process gegen die Beklagten erschritten wird, die Befriedigung zu sichern und zu erleichtern, hat sich der Magistrat der Stadt Magdeburg veranlasst gefunden, da sich Beklagte gegenwärtig ausserhalb Landes befinden, nach Art: 794 der bürgerlichen Process-Ordnung ermächtigt, durch die *sub* n°. A liegende Erlaubniss vom 9.ten October dieses Jahrs die in den *sub* n°. B. anliegenden Arrest-Protocoll vom 12.ten October d. J. angegebenen Sachen der Beklagten hierselbst mit Arrest zu belegen. Indem Kläger dieses den Beklagten hierdurch angezeigt, ladet er dieselben vor das Königliche Civil-Tribunal hieselbst mit der Auffodrung binnen geschliches Frist von vierzig Tagen für Herrn Benjamin, und von neunzig Tagen für Herrn Mayer Dalmbert bey Vermeidung des *Contumacial*-Verfahrens einen Anwalt zu bestellen, und richtet seinen Klage-Antrag dahin:

Den angelegten Arrest für gültig zu erklären, den klagenden Magistrat aber für befugt zu erachten, sich aus den mit Arrest belegten Gegenständen wegen der der Stadt Magdeburg an die Beklagten zuständigen Foderung, so weit letztere zu deren Bezahlung in dem *separat*-Process werden verurtheilt werden, befriedigt zu machen, Beklagte in die Kosten des Process zu verurtheilen, und die vorläufige Wollstreckung des Erkenntnisses zu verfügen.

Klagender Magistrat hat den unterzeichneten Procurator zu seinen Anwalt bestellt.

Magdeburg, den fünfzehnten October 1814.

Der Tribunals-Procurator,

DELBRUCHS.

Magdebourg, le vingt octobre dix-huit cent quatorze.

Je soussigné, Frédéric Charles Mengewein, Huissier audiencier près le Tribunal civil et royal de cette ville, y domicilié, ai laissé copie de l'istance ci-dessus transcrite et des pièces y mentionnés, après avoir exhibé les pièces originales, à M Fischer, Procureur royal près le tribunal civil de cette ville, pour le sieur Jacques Bechamin de Dresde, et lui ai laissé copie de la présente signification, qu'il a visée sur l'original, de ce requis.

Magdebourg, le vingt octobre mil huit cent quatorze.

Le Procureur du Roi.

Signés, FISCHER,

MENGEWEIN.

Ce jourd'hui vingt octobre mil huit cent quatorze. Je soussigné, Frédéric Charles Mengewein, Huissier audiencier près le Tribunal royal et civil de cette ville, y domicilié, ai laissé copie de l'instance ci-dessus transcrite et des pièces y mentionnées, après avoir exhibé les pièces originales à M. Fischer, Procureur royal près le tribunal royal et civil de cette ville, pour M. Emanuel Mayer Dalmbert de Paris, et lui ai laissé copie du présent acte de saisie-arrêt, qu'il a visé sur l'original, de ce requis.

Fait à Magdebourg, le vingt octobre mil huit cent quatorze.

Le Procureur du Roi.

Signés, FISCHER,

MENGEMEIN.

Magdeburg, den zwanzigsten October Tausend acht hundert vierzehn.

Am heutigen Tage habe ich unterzeichneter Friederich Carl Mengewein, Audienz-Huissier des hiesigen Königlichen Civil-Tribunals, hier wohnhaft, eine Abschrift der vorstehenden Klage und der darin erwähnten Beylagen unter Vorzeigung des Originals der gestern für den Entrepreneur Herrn Jacob Benjamin zu Dresden dem Königlichen Procurator bey dem hiesigen Königlichen Civil-Tribunal Herrn von Fischer allhier insinuirt, ihm auch eine Abschrift dieser Insinuations-Urkunde zurückgelassen, und hat derselbe auf mein Ersuchen das Original visirt.

Geschehen, Magdeburg den 20.ten October 1814.

Der Königliche Procurator,

L. S. v. FISCHER,

MEMGEWEIN.

Magdeburg den 20.ten October Tausend acht hundert und vierzehn.

Am heutigen Tage habe ich unterzeichneter Friederich Carl Mengewein, Audienz-Huissier des hiesigen Königlichen Civil-Tribunals, hier wohnhaft, eine Abschrift der vorstehenden Klage und der darin erwähnten Beylagen unter Vorzeigung des Originals für den Entrepreneurs Herrn Emanuel Mayer Dalmbert zu Paris, dem Königlichen Procurator bey dem hiesigen Königlichen Civil-Tribunal Herrn von Fischer allhier insinuirt, ihm auch eine Abschrift dieser Insinuations-Urkunde zurückgelassen, und hat derselbe auf mein Ersuchen das Original visirt.

Geschehen, Magdeburg den 20.ten October 1814.

Der Königliche Procurator,

L. S. v. FISCHER,

MENGEWEIN.

AVERTISSEMENT.

Je soussigné, Avoué fondé de pouvoirs du Magistrat de cette ville, fais savoir à M. le Directeur Levot, et à M. le Casernier Fournier, que l'instance, pour faire déclarer valable la saisie-arrêt qui a eu lieu le douze du courant, sur les lits et ustensiles de casernement appartenant aux sieurs Béchamin et Mayer Dalmbert, ci-devant Entrepeneurs, a été entamée en date du vingt de ce mois.

Le Procureur du Tribunal,
Signé, DELBRUCHS.

Magdebourg, le vingt-huit octobre mil huit cent quatorze.

Je soussigné, Frédéric Charles Mengewein, Huissier audiencier près le tribunal royal et civil de cette ville y domicilié, ai laissé copie de l'avertissement ci-dessus transcrit, après en avoir exhibé l'original à M. le Directeur Levot, demeurant dans cette ville, et lui ai laissé copie du présent exploit, qu'il a signé sur l'original, de ce requis.

Magdebourg, le vingt-huit octobre mil huit cent quatorze.

Signés, LEVOT,
MENGEWEIN.

ANZEIGE.

Unterzeichneter Anwalt des hiesigen Magistrats macht dem Director Herrn Levot und dem Casernier Herrn Fournier, mit Bezug auf die unterm 12.ten dieses Monats geschehene Arrestlegung auf die den Entrepreneurs Herrn Benjamin und Mayer Dalmbert gehörigen Casernen-Betten und Ustensilien, hierdurch bekannt, dass die Klage auf Erklärung der Gültigkeit jenes Arrestes unterm zwanzigsten d. M. angestellt worden ist.

Magdeburg, den zwey und zwanzigsten October 1814.

Der Tribunals-Procurator,
DELBRUCHS.

Magdebourg, den acht und zwanzigsten October achtzehn hundert vierzehn.

Am heutigen Tage habe ich unterzeichneter Friederich Carl Mengewein, Audienz-Huissier des hiesigen Königlichen Civil-Tribunals, hier wohnhaft, eine Abschrift der vorstehenden Anzeige unter Vorzeigung des Originals dem Herrn Director Levot allhier in seiner Wohnung insinuirt, ihm auch eine Abschrift dieser Insinuations-Urkunde zurückgelassen, und hat derselbe auf meine Auffoderung das Original unterschrieben.

LEVOT,
MENGEWEIN.

Nous, soussigné, Directeur chef de l'Interprétation générale des Langues, Traducteur assermenté, déclarons et certifions à qui il appartiendra, que la pièce ci-jointe, paraphée de notre main, dont nous donnons ci-dessus la traduction a été fidèlement traduite de l'Allemand en Français, sans que le sens ait été altéré en aucune manière.

En foi de quoi, nous délivrons la présente à telle fin que de raison.

Paris, le treize octobre mil huit cent quinze.

N.° 2913.
1.er R.

Le Directeur en Chef de l'Interprétation générale des langues.
Signé, E. NUNEZ DE TABOADA.

Vu à la Mairie du deuxième Arrondissement de Paris, pour légalisation de la signature ci-dessus apposée de M. E. Nunez de Taboada, Traducteur assermenté, Directeur en Chef de l'Interprétation générale des langues.

Paris, le treize octobre 1815.

Vu au Secrétariat,
Signé, LACOUÊTE, *Maire*.

No. 10.

Nous, le premier Adjoint, faisant fonctions de Maire de la ville de Magdebourg, certifions que M. Emanuel Mayer Dalmbert, Délégué général de l'Entreprise des subsistances militaires, qui a séjourné pendant six ans, (depuis 1806 jusqu'à 1812) dans notre ville, ne s'est pas seulement distingué par sa bonne vie et ses bonnes mœurs, mais encore par les bienfaits qu'il a répandus sur la classe indigente et souffrante de nos habitans, ainsi que par les bons offices et grands services qu'il a cherché à rendre à la Commune dans toutes les occasions où il a été en son pouvoir. C'est avec regret que nous voyons sortir de notre enceinte un habitant aussi loyal, aussi intègre que M. Emanuel Mayer Dalmbert; et c'est avec pleine conviction, que nous assurons que ce brave homme emporte l'estime générale des habitans d'une ville, aux maux desquels il n'a cessé d'être sensible.

Aussi lui devons-nous le témoignage que, suivant ce qui est parvenu à notre connaissance, il a été régulier dans tous ses paiemens, a tout soldé, et qu'il a entièrement satisfait aux réclamations qui lui sont parvenues, tant pour ses affaires particulières, que celles des subsistances, dont il a été chargé.

En foi de quoi nous lui avons délivré le présent certificat, conforme à la plus stricte vérité, pour servir et valoir ce que de raison.

Magdebourg, le 28 décembre 1812.

Le premier Adjoint, faisant fonctions de Maire,

NOELDECHEN.

Vu pour légalisation de la signature ci-dessus.

Magdebourg, le 5 janvier 1813.

Le Préfet,

Le Chr. BERGAGNY.

N.° 11.

ROYAUME DE WESTPHALIE.

D'APRÈS les rapports qui nous ont été faits par les Inspecteurs et Sous-Inspecteurs aux revues chargés des fonctions administratives dans la deuxième et troisième division militaire du Royaume, il conste que M. Mayer, chargé du service des subsistances militaires dans ces deux divisions pendant l'année 1811, a rempli exactement les conditions stipulées dans le marché passé avec lui pour ladite année.

Je certifie en même temps qu'il ne m'est parvenu aucune plainte sur le service des lits militaires, dont M. Mayer est propriétaire; en foi de quoi nous lui avons délivré le présent certificat.

Cassel, le 1.er septembre 1813.

Le Ministre de la guerre
du Royaume de Westphalie,
Signé, Comte de HÖNE.

N.° 12.

SIGNIFICATION,

D'une Citation du quinze août mil huit cent quinze, à la requête du Magistrat de la ville de Magdebourg, à Emanuel Mayer Dalmbert, pour comparaître *le treize novembre, à neuf heures du matin*, devant le sieur Weyhe, Conseiller de justice, sous peine de condamnation par défaut, et de voir déclarer juste la requête du demandeur.

Magdebourg, le

A Monsieur Emanuel Mayer DALMBERT,
à Paris.

Traduit de l'Allemand.

Les Membres du Tribunal provincial et municipal de cette ville, vous expédient copie de la demande faite contre vous par le Magistrat de cette ville, et les pièces qui y sont jointes, et vous enjoignent de satisfaire aux prétentions du Demandeur, et si vous ne vous y croyez pas tenu, de comparaître devant le Tribunal, *le treize novembre à neuf heures du matin*, terme fixé par notre délégué le sieur Weyhe, Conseiller de justice, pour répondre à ladite demande, présenter vos moyens de défense, et produire tous les renseignemens qui peuvent servir à l'éclaircissement de l'affaire, de même que tous les titres et papiers que vous pourriez avoir en main, et qui peuvent être utiles.

Dans le cas où vous seriez empêché par des raisons valables, comme pour cause de maladie, d'affaires de votre état ou pour autres raisons plausibles, de comparaître en personne à l'époque ci-dessus mentionnée, vous devez en prévenir avant ledit jour fixé, et en justifier par certificats dignes de foi; cependant nous

No. 12.

DOCUMENTUM INSINUATIONIS.

Einer Vorladung vom 15ten August, 1815. *in causà* des hiesigen Magistrats, Jacob Benjamin und Emanuel Mayer Dalmbert, *ad term.* 13*ten November* c. *vor mittags* 9 *Uhr*, vor dem Herrn Justiz-Rath Weyhe, unter dem *Praejudiz* dass beim Ausbleiben der Beklagten die vom Kläger vogretragenen Thatsachen für richtig angenommen werden.

Magdeburg am

Herrn Emanuel Mayer Dalmbert,
in Paris.

Von dem hiesigen Land-und Stadt-Gericht wird ihnen die von dem hiesigen Magistrat gegen sie angebrachte Klage nebst Beylagen abschriftlich zugefertigt mit der Auflage den Kläger seinem Antrag gemäss fördersamst zu befriedigen, oder wenn sie sich nicht dazu verpflichtet halten, in dem vor unserm Abgeordneten Herrn Justiz-Rath Weyhe auf *den* 13*ten. November, vormitags* 9 *Uhr* angesetzten Beantwortungs-Termine an Gerichts-stelle zu erscheinen, sich über die Klage vernehmen zu lassen und alle zur vollständigen Erörterung der Sache gehörigen Nachrichten mitzutheilen, auch die in ihren Händen etwa befindlichen Urkunden und andere Schriften, die zur Aufklärung der Sache beitragen könnnen, einzureichen.

Falls Sie durch Krankheit, Berufs-Getchäften oder andere erhebliche Hindernisse abgehalten werden sollten den Termin in Person abzuwarten, so haben Sie dies zeitig vor den Termin anzuzeigen und durch glaubhafte Zeugnisse zu bescheinigen; jedoch wollen wir ihnen wegen ihrer Entfernung vom Sitze des Gerichts

vous proposons, vu votre éloignement du lieu des séances du Tribunal, les sieurs Schrader. . . . . . Commissaires de justice, à fin que vous choisissiez un d'eux pour votre mandataire, et que vous puissiez le pourvoir de votre procuration et des instructions nécessaires dans ce procès; et, faute par vous de donner de vos nouvelles ou de comparaître au terme fixé, vous devez vous attendre que l'exposé de la requête sera supposé vrai et sans réplique, et que vous serez condamné suivant la teneur des faits y énoncés et conformément aux lois, à ce que de droit; et, à la poursuite du demandeur, il sera procédé à l'exécution du jugement.

Magdebourg, le quinze août mil huit cent quinze.

Le Tribunal Municipal et Provincial royal Prussien.

Signé, RUDES.

A Monsieur Emanuel Mayer Dalmbert,
à Paris.

COPIE.

Magdebourg, le onze août mil huit cent quinze.

Demande

De la ville de Magdebourg,

Contre

Les ci-devant Entrepreneurs d'effets de casernement du Royaume de Westphalie, Jacques Béchamin, demeurant à Dresde, et Emanuel-Mayer Dalmbert, demeurant à Paris.

La ville de Magdebourg se voit obligée de former la demande suivante contre les Entrepreneurs des lits militaires du ci-devant Royaume de Westphalie, Jacques Béchamin et Emanuel-Mayer Dalmbert, demeurant actuellement en France.

La ville de Magdebourg, afin d'accélérer les opérations relatives au casernement, s'engagea, en mil huit cent huit, envers le Ministre de la guerre westphalien, à avancer aux-dits Entrepreneurs la somme nécessaire à la fourniture des lits et ustensiles dont

die Herrn Justiz-Commissarien Schrader vorschlagen damit Sie sich einen derselben zu ihrem Mandatorio erwählen und mit gehöriger Vollmacht und Information zur Wahrnehmung ihrer Gerechtsame in diesem Processe versehen können, wenn Sie indessen sich nicht melden, auch in den angesetzten Termine ausbleiben würden, so haben Sie zu gewärtigen dass die in der Klage vorgetragenen Thatsache für richtig angenommen und dasjenige was nach diesen Thatsachen und den Vorschriften der Gesetze Rechtens ist wider Sie erkannt und auf fernen Antrag des Klägers mit der Execution verfahren werden wird.

Magdeburg, am 13ten. August 1815.

Königl.-Preuss.-Land-und Stadt-Gericht.

An den Herrn Emanuel Mayer DALMBERT,
in Paris.

Magdeburg, 11.ten August, 1815.

KLAGE

Der Stadt Magdeburg, Klägerin,

WIDER

Die vormaligen Westphälische Entrepreneurs des Casernements Jacob Benjamin, zu Dresden, und Emanuel Mayer Dalmbert, zu Paris wohnhaft, Beklagte.

Die Stadt Magdeburg siehet sich genöthiget wider die Entrepreneurs der Militair-Betten im ehemaligen Königreich Westphalen Jacob Benjamin und Emanuel Mayer Dalmbert jetzt in Frankreich wohnhaft folgende Klage anzustellen.

Um das Casernement hieselbst zu beschleunigen verpflichtete sich die Stadt Magdeburg, im Jahr 1808, gegen den Westphälischen Kriegsminister diejenige Summe welche zur Anschaffung der Betten und Ustensilien zum Casernement der hiesigen Garnison erforderlich

on aurait besoin pour le casernement de la garnison de cette ville, de manière à ce que le montant lui en serait remboursé de trois mois en trois mois jusqu'au premier janvier mil huit cent dix-huit.

Il fut fait à ce sujet un contrat entre les Entrepreneurs et le Comte de Blumenthal, alors Maire de ladite ville, sous la date du dix décembre mil huit cent huit, dont ci-joint copie, et dont on produira l'original; et attendu qu'il devint impossible à la ville de fournir l'argent comptant dont il s'agissait, les Entrepreneurs s'engagèrent par ce contrat à recevoir, au lieu d'avances en argent, des obligations, que le Maire leur fit au nom de la ville, sous l'hypothèque des biens municipaux de ladite ville, et portant intérêt à six pour cent, lesquelles obligations devaient écheoir à raison de deux mille cinq cents Rthlrs par trimestre, et aux mêmes époques auxquelles elles auraient été remboursées par la ville, au comptant, si elle les avait payés en argent. Par contre, les Entrepreneurs devaient recevoir du Gouvernement le prix des fournitures dans dix ans, en argent comptant, de trimestre en trimestre. Lors de chacun de ces remboursemens à faire par trimestre ils devaient en rendre à la ville le montant en obligations de la ville. Dans le cas inattendu, où les Entrepreneurs ne seraient pas payés par le Gouvernement aux époques convenues, la ville devait y suppléer pour le remboursement des obligations.

Les Entrepreneurs reçurent, conformément à ce contrat, les obligations municipales promises, montant à la somme de soixante-dix-neuf mille huit cent Rthlrs, argent courant de Prusse, dont ils donnèrent une quittance générale, qui peut être produite au besoin.

Mais le contrat est fondé sur la fausse supposition du Maire et du Conseil municipal, que les lits, pour l'achat desquels les Entrepreneurs avaient reçu des avances, *étaient la propriété du Gouvernement*, et que celui-ci devait payer aux Entrepreneurs les prix convenus conformément au contrat, de trimestre en trimestre, en

war, den gedachten Entrepreneurs dergestallt vorzuschiessen, dass ihr der Betrag in terminlichen Zahlungen, von 3 zu 3 Monat, bis zum 1.ten Januar 1818, wieder erstattet werde,

Hierüber wurde dann, mit den damaligen Entrepreneurs von dem damaligen Maire Grafen von Blumenthal, am 10.ten December 1808, der in Abschrift beygefügte Contract, dessen Original vorgelegt werden soll, abgeschlossen, und weil es der Stadt unmöglich fiel das baare Geld anzuschaffen, so verpflichteten sich in diesem Contract die Entrepreneurs, statt des baaren Vorschusses, Obligationen anzunehmen, welche der Maire, Namens der Stadt unter Verpfändung der Güter der Stadt und gegen Verzinsung à 6 procent, ausstellte, und wovon, von 3 zu 3 Monat, der Betrag von 2500 Reichsthaler fällig wurde, und zwar in den Terminen in welchen hätte die Stadt den Vorschuss baar gegeben, solche zurückbezahlt seyn wurden. Dagegen sollten die Entrepreneurs den Preis der Furnituren binnen zehen Jahren in vierteljährigen Terminen baar vom Gouvernement erhalten, bey jeder solchen Zahlung aber den Betrag desselben der Stadt in ihren Obligationen restituiren. In dem unverhoften Fall, dass die Entrepreneurs in den bestimten Terminen ihre Befriedigung vom Gouvernement nicht erhalten würden, sollte die Verbindlichkeit der Stadt zur Einlösung der Obligationen eintreten.

Zufolge dieses Contracts erhielten die Entrepreneurs die versprochene Stadt-Obligationen über 79,800 Reichsthaler Preuss. Cours, über deren richtigen Empfang sie ein général Récépissé austellten, welches erforderlichen Falls vorgelegt werden soll.

Der gedachte Contract gründete sich jedoch auf eine irrige Voraussehung des Maires und Municipal raths, dass die Betten zu deren Anfertigung die Entrepreneurs den Vorschuss erhielten, ein Eigenthum des Gouvernements wurden, und letzteres den erstern die in ihren Entreprise-Contract bedüngenen Kaufpreise bis 10 Jahren in vierteljährigen Terminen bezahle. Dieser Jrrthum hat namentlich die Stipulation in Betreff der Art der Rückzahlung des Vorschusses und der Bürgschaft der Stadt für den Kriegs-Minister veranlasst. Erst

17

dix ans. Cette erreur a donné lieu à la stipulation relative au remboursement de l'avance et à ce que la ville se rendît caution du ministre de la guerre.

Ce ne fut que plus tard que sur la demande dont ci-joint copie, faite par le maire au ministre de ratifier le contrat, celui-ci, par sa réponse du douze janvier mil huit cent neuf, l'a instruit d'une manière précise qne la propriéte des lits n'était pas au Gouvernement, mais bien aux Entrepreneurs ; en conséquence de quoi le Ministre de la guerre fixait, dans sadite lettre en réponse, la manière dont la ville serait par la suite remboursée des avances par elle faites aux Entrepreneurs : les Entrepreneurs se sont soumis à ces dispositions du Ministre; et en conséquence la détermination sur le remboursement à faire à la ville, a été modifiée par l'arrangement dont copie ci-jointe, conclu avec les Entrepreneurs le dix-neuf mars mil huit cent neuf, de la manière suivante :

Que le Ministre de la guerre retiendrait deux mille cinq cents rthlrs, argent courant de Prusse, ou neuf mille cent trente-un francs vingt-cinq centimes du prix des loyers accordés par le Gouvernement aux Entrepreneurs, pour les lits et ustensiles de casernement, par trimestre, depuis le premier juillet mil huit cent neuf, jusqu'à l'entière liquidation de toute l'avance, et qu'il le ferait verser dans la caisse de la ville pour compte des Entrepreneurs.

En conséquence de cela le Ministre de la guerre ordonna que pour rembourser la ville, il lui serait fait quinze paiemens à-compte depuis le premier juillet mil huit cent neuf jusqu'au premier janvier mil huit cent treize, montant ensemble à la somme de trente-sept mille cinq cents rthlrs. Cependant ces assignations de plusieurs

37,500 à-comptes sur les paiemens à faire, ne purent être délivrées à cause de la guerre, et le sieur Plook, payeur général, ne paya sur ladite somme à la caisse de la ville que

35,000 celle de trente-cinq mille rthlrs, attendu que la quinzième assignation de paiement d'à-compte fût reprise

durch die spätern Verhandlungen mit dem Minister und dessen abschriftlich beygefügte Bescheidung vom 12.ten Januar 1809 auf das Gesuch um seine Bestätigung des Contracts, wurde dem Maire das wahre Verhältniss bekannt, wonach nehmlich nicht das Gouvernement, sondern die Entrepreneurs Eigenthümer der Betten sind; welchen gemäss auch der Kriegs-Minister in gedachter Bescheidung nunmehro die Art der Rückzahlung des den Entrepreneurs von der Stadt gemachten Vorschusses andermit bestimmt. Die Entrepreneurs haben sich diesen Bestimmungen unterworfen, und ist darauf die anfängliche Bestimmung über die Erstattung des Vorschusses an die Stadt, besage der in Abschrift beygefügten mit den Entrepreneurs am 19.ten Mars 1809 getroffenen Übereinkunft dahin modificirt.:

Dass der Kriegs-Minister von der, den Entrepreneurs für die Militair-Betten und Ustensilien vom Gouvernement accordirte Miethe vierteljährig, vom 1.sten July 1809 an bis zur Tilgung des ganzen Vorschusses 2500 Reichsthaler Preuss. Cours, oder 9131 fr. 25 cent. zurückbehalten und der Stadt-Casse für Rechnung der Entrepreneurs zahlen lassen sollte.

Diesem zufolge ordonancirte der Kriegs-Minister zur Zahlung an die hiesige Stadt 15 Abschlags-Zahlungen *pro* 1.sten July 1809 bis 1.sten Januar 1813 über 37,500. Reichsthaler. Die Anweisung mehrere Abschlags- Zahlungen war der geschehenen Erinnerung ohngeachtet des Krieges wegen nicht zu erhalten und der Herr Général-Zahlmeister Plook hieselbst hat auf gedachte Summe nur:

35,000 Reichsthaler, würcklich an die Stadt-Casse gezahlt, in dem die Anweisung zur 15 Abshclags-Zahlungen vom Administrateur des Staats-Schatzes zurückgenommen wurde und nicht wieder ertheilt ist.

par l'administrateur du trésor, et ne fût plus rendue; la ville a donc à prétendre sur les avances de soixante-dix-

79,800 neuf mille huit cents Rthlrs, après déduction faite de
35,000 trente-cinq mille Rthlrs, encore

44,800 quarante-quatre mille huit cents Rthlrs; et étant obligée de payer ses obligations, dont partie ont été mises en circulation, et partie, montant à la même somme, sont encore entre les mains des Entrepreneurs, elle doit être couverte et payée par les Entrepreneurs d'une pareille somme, quoique suivant l'arrangement conclu avec eux pour le remboursement de l'avance, ce paiement ne put primitivement être exigé que successivement de trois en trois mois, et que jusqu'à présent il n'y ait d'échu que

Rthlrs.		
2,500	1.er Janvier	1813.
2,500	1.—Avril	——
2,500	1.—Juillet	——
2,500	1.—Octobre	——
2,500	1.—Janvier	1814.
2,500	1.—Avril	——
2,500	1.—Juillet	——
2,500	1.—Otobre	——
2,500	1.—Janvier	1815.
22,500.		

La ville ne se croyait plus tenue à attendre les termes primitivement accordés aux Entrepreneurs, et ce en vertu de l'art. 1188 du Code civil, A. T. R. tit. I.er, tit. II, § 766, vu qu'ils se sont éloignés du pays, et attendu l'inexécution de l'accord conclu avec eux le dix-neuf mars mil huit cent neuf, portant que le Ministre de la guerre de Westphalie payerait à la ville, pour compte des Entrepreneurs, deux mille cinq cents Rthlrs par trimestre, et que la ville n'a aucune garantie des paiemens à elle dûs par les Entrepreneurs, et elle se croit autorisée à demander :

Die Stadt hat daher auf ihre Vorschüsse
79,800 r. nach Abzug dieser
35,000 r. noch

44,800 r. zu fordern; und da sie verpflicht ist, noch für eben so viel Stadt-Obligationen welche die Entrepreneurs theils im Umlauf gesetzt haben, theils noch besitzen, einzulösen; so muss dieselbe in Betreff einer gleichen Summe durch die Entrepreneurs gedeckt und befriedigt werden. Wie wohl noch der über die Zurückzahlung des Vorschusses mit den selben getroffenen Ubereinkunft eigentlich diese Befriedigung nur *successive* von 3 zu 3 Monat gefordert werden konnte, und hier noch für jetzt nur

Reichsthaler.		
2,500	1.sten	Januar 1813.
2,500	1. —	April —
2,500	1. —	July —
2,500	1. —	October —
2,500	1. —	Januar 1814.
2,500	1. —	April —
2,500	1. —	July —
2,500	1. —	October —
2,500	1. —	Januar 1815.
22,500,		

hier fällig wären, so hält sich die Stadt doch jetzt an die Zahlungs-Friste, welche den Entrepreneurs anfänglich bewilligt worden, nach Art. 1188 Code civil A. C. R. Th. I; tit. 17; § 766 nicht weiter gebunden; da dieselben sich aus dem Lande entfernt, und die mit ihnen am 19.ten März 1809 getroffene Ubereinkunft, dass der Westphäliche Krieges-Minister vierteljährich für Rechnung der Entrepreneurs 2,500 Reichsthaler an die hiesige Stadt zahlen sollte, nicht mehr erfüllt wird, und letztere daher wegen der von den Entrepreneurs zu fordern habenden Zahlungen durch nichts gesichert ist, dieselbe hält sich daher für befugt zu verlangen, dass die Entrepreneurs ihr die ganze Summe der 44,800 Reichsthaler, nebst Verzugs-Zinsen à 5 procent vom Tage der Insinuation der Klage baar erstatten, oder die städtische Obligationen über diesen Betrag zurückliefern, weshalb sie bittet:

Que les Entrepreneurs lui remboursent la somme entière de quarante-quatre mille huit cents Rthlrs, avec les intérêts de cinq pour cent, depuis le jour de la signification de la demande, en argent comptant, ou qu'ils lui rendent les obligations municipales montant à une somme égale.

En conséquence, la ville demande que les défendeurs soient condamnés, soit à lui payer comptant la somme entière de quarante-quatre mille huit cents Rthlrs, avec les intérêts, pour tout retard de paiement, à raison de cinq pour cent, depuis le jour de la signification de la demande, soit à lui rendre le montant de cette somme en obligations municipales, avec dépens.

La ville demandatrice présente les pièces suivantes à l'appui des faits ci-dessus consignés, savoir :

1.° Un contrat entre les deux parties, du dix décembre mil huit cent huit. (*Voyez* Pièces justificatives, n.° 3, page 24 et suiv.)

2.° Une lettre du Ministre de la guerre de Westphalie, à la ville, du 12 janvier mil huit cent neuf. (*Voy* Pièces just. n.° 5, page 39.)

3.° Une convention du dix-neuf mars mil huit cent neuf, dont copie se trouve ci-joint; les originaux pouvant être au besoin produits. (*Voyez* Pièces justificatives, n.° 4, page 36.)

4.° Une quittance desdits Entrepreneurs, constatant qu'ils ont reçu pour soixante-dix-neuf mille huit cents thalers en obligations de la ville; laquelle quittance peut être produite en cas de besoin.

Une seconde créance de la ville de Magdebourg, sur lesdits Entrepreneurs, se fonde sur les faits suivans :

Dans l'année mille huit cent sept, la ville s'est procuré une certaine quantité de lits et ustensiles de casernement, lesquels, par ordre supérieur, ont été remis auxdits Entrepreneurs, pour être employés au casernement. Ces effets ont été estimés le premier mai mille huit cent huit, par les soins de M. Kleuwitz, commissaire des guerres, à la somme de

9,582 Rr. 2 g. 6 ps. neuf mille cinq cent quatre-vingt-deux Rthlrs deux gros six pfenings, faisant,

Dass die Verklagten verurtheilt werden, ihr entweder die ganze Summe der 44,800 Reichsthaler nebst Verzugs-Zinsen zu 5 procent vom tage der insinuirten Klage baar zu bezahlen, oder die über diese Summe ausgestellten städtische Obligationen zurückzuliefern und die Kosten dieses Processes allein zu tragen.

Zum Beweise der vorgetragenen Thatsachen beziehet sich die klagende Stadt,

1°. Auf den zwischen beyden Theile am 10.ten December 1808 geschlossenen Contrat; (*Voyez* Pièces justtficatives, n.° 3, page 25 und folgende.

2.° Auf ein Schreiben des Westphälischen Kriegs-Ministers an die Stadt, vom 12.ten Januar 1809 und; (*Voyez* Pièces justificatives, n.° 3, page 39.)

3.° Auf ein Protocoll vom 19.ten März 1809, worin Abschrifte beyliegen und die Originalien vorgelegt werden können; (*Voyez* Pièces justificatives, n.° 3, page 37.)

4.° Und Auf eine Quittung der Beklagten über den Empfang von den über 79,800 Thaler lautenden Stadt-Obligationen, welche nöthigenfalls vorgelegt werden kann.

Eine zweyte Forderung der Stadt Magdeburg an die Beklagten gründet sich auf folgende Thatsachen:

Im Jahre 1807 hat die Stadt mehrere Casernen-Betten und Ustensilien angeschafft, welche auf höhere Befehl den Beklagten zum fernern Gebrauch beym Casernement übergeben werden müssten. Diese Effecte sind am 1.ten May 1808 unter Anleitung des Herrn Kriegs-Commissairs Kleuwiz hieselbst zu

9,582 Reichsthaler, 2 g. 6 p. taxirt, und dieser taxirte Werth welcher im Französiche Gelde

34,998 fr. 63 cent. ½ en argent de France, trente-quatre mille neuf cent quatre-vingt-dix-huit francs soixante-trois centimes et demi.

Laquelle estimation a été reçue par lesdits Entrepreneurs du Ministre au lieu de paiement; ceci engagea l'ancien Maire de cette ville à solliciter auprès du Ministre le remboursement de cette somme, ce qui fut accordé, mais en trente-neuf paiemens à faire par trimestre et sur déduction; c'est-à-dire, que lesdits paiemens devaient être déduits aux Entrepreneurs selon leur contrat.

Il fut en conséquence payé à la ville successivement, en dix-huit

16,133 fr. 20 cent. termes, seize mille cent trente-trois francs vingt centimes en mandats du Ministre de la guerre; il reste donc dix-huit mille

18,865 fr. 43 cent. ½ huit cent soixante-cinq francs quarante-trois centimes et demi, ou cinq mille cent soixante-cinq Rthlrs un gros, neuf pfenings, que les défendeurs doivent restituer à la ville, puisque ces effets leur restent et sont dans leur possession.

La ville demande donc que les Entrepreneurs soient condamnés à lui payer cinq mille cent soixante-cinq Rthlrs, un gros, neuf pfenings courant, avec les intérêts, pour retard, à cinq pour cent, depuis la signification de la requête et aux frais et dépens du procès.

La ville demanderesse présente à l'appui des faits ci-dessus mentionnés,

1.° Un protocole de M. Kleuwitz, commissaire des guerres, du premier mai mil huit cent huit; (*Voy.* Pièces just., n.° 14, p. 143.)

2.° Un rescrit du Ministre de la guerre, du douze août mil huit cent onze; (*Voyez* Pièces justificatives, n.° 7, page 42.)

3.° Une lettre de M. Kleuwitz, du douze novembre mil huit cent huit. Dont ci-jointes copies et dont on peut produire les originaux au besoin. (*Voyez* Pièces justificatives, n.° 13, page 140.)

34,998 fr. 63 cent. ÷	beträgt, ist den Beklagten wom Kriegs-Minister an Zahlungsstatt angerechnet. Dieses veranlasste dem vormaligen Maire hiesiger Stadt die Erstattung dieser Summe beym Minister nach zu suchen, und es wurde solche bewilligt, jedoch in 39 vierteljährliche Abschlags-Zahlungen, in der Art dass solche zuförderst den Beklagten nach ihrem Contracte abgezogen werden sollte; dem zufolge wurden nach und nach in 18 Termin-Zahlungen
16,133 fr. 20 cent.	der hiesigen Stadt auf Anweisungen des Kriegs-Ministers gezahlt, und es restirt also noch
18,865 fr. 43 cent. ÷	oder 5,165 Reichstaler ÷ 9 d.; welche Summe die Beklagten der Stadt ersetzen müssen weil ihnen jene Effecten übereignet und sie noch in deren Besitze sind.

Die klagende Stadt trachtet dem nach darauf an; Dass Beklagte werurtheilt werden ihr 5,165 r. ÷ 9 d. Cour. nebst Verzugs-Zinsen, zu 5 procent, von Insinuation der Klage an gerechnet, zu zahlen, und die Process-Kosten allein zu tragen.

Zum Beweise der aufgestellten Thatsachen wird Klägerischer Seits Bezug genommen,

1°. Auf ein Protocoll des Herrn Kriegs-Commissaire Kleuwiz, vom 1.ten May 1808; (*Voyez* Pièces justificatives, n.° 14, page 143.)

2°. Auf ein Rescript des Westphälischen Kriegs-Ministers, vom 12.ten August 1811; (*Voyez* Pièces justificatives, n.° 7, page 42.)

3°. Auf ein Schreiben des Herrn Kleuwiz, vom 12.ten November 1808; (*Voyez* Pièces justificatives, n.° 13, page 141.)

Wovon Abschrifte beyliegen und die Originalen vorgelegt werden können.

Au reste, la ville demanderesse a fait une saisie-arrêt le douze octobre, pour la garantie de ce qu'elle réclame des Entrepreneurs, sur les ustensiles de casernement qui se trouvent ici, dont l'exposé a été déjà remis à l'honorable tribunal provincial et municipal de cette ville; en conséquence de ce qui vient d'être exposé, et attendu que les contrats en discussion ont été conclus ici et qu'ils doivent être exécutés ici, l'instance des défendeurs qui ont nommé le sieur Wittersheim, négociant de cette ville, leur procureur général fondé de pouvoirs, se fonde sur G. O. tit. Ier, tit. II, § 119 et 148 segs.

La ville de Magdebourg a choisi pour son avoué, et pour soutenir ses droits, le Commissaire de justice Vatke, auquel elle fournira, avant le terme prochainement fixé, la procuration convenable.

Magdebourg, le vingt-un juillet mil huit cent quinze.

Signé, v. VATKE.

Uebrigens hat die klagende Stadt wegen ihre Forderungen an die Beklagten deren hier befindlichen Casernen-Ustensilien am 12.ten October V. J. mit Arrest belegen lassen, worüber die Verhandlungen beym wohllöblichen Land-und Stadt-Gerichte hieselbst bereits eingereicht sind. Hierdurch und dadurch dass die Contracte aus denen geklagt wird, hier geschlossen sind und hier erfüllt werden müssen, wird der Gerichts-Stand der Beklagten, welche in der Person des Kaufmanns Herrn Wittersheim hieselbst einen général bevollmächtigten bestellt haben, beym hiesgen wohllöblichen Land-und Stadt-Gerichte begründet G. O. T. 1. Tit. 2, § 119 und § 148 seg. die klagende Stadt hat den Justiz-Commissarium Vatke zu ihrem Bevollmächtigten bey Führung dieses Processes erwählt und wird ihn zum nächsten Termin mit Vollmacht versehen,

Magdeburg, den 21.ten July 1815.

Von VATKE.

Pour copie conforme à l'original,

Paris, le 12 décembre 1815.

Le Directeur en Chef de l'Interprétation générale des langues.

N.° 3041.
R.re 1er

Signé, E. NUNEZ DE TOBOADA.

N.º 131

Magdebourg, le 12 Novembre 1808.

KLEUWITZ, Commissaire des guerres, au Maire de cette ville M. le Comte de BLUMENTHAL.

MONSIEUR LE COMTE,

En réponse à votre honorée du 26 du mois dernier, je vous remets ci-joint un exemplaire du Protocole rédigé le 1.er mai *a. c.*, au sujet de la remise des lits militaires qui se sont trouvés en cette ville à l'Entrepreneur de ces effets, le sieur Émanuel Mayer, avec l'observation que si la ville veut poursuivre ses prétentions sur la valeur estimative desdits lits, ceci devra être fait, non pas envers ledit Entrepreneur, mais plutôt envers le Ministre de la guerre, par lequel la valeur estimative de 9,582 Rr. 2 g. 6 ps. ou 34,998 fr. 65 cent. ½ a été donnée en paiement à l'Entrepreneur au lieu d'espèces.

Pour ce qui regarde, par contre, les ustensiles des hôpitaux, vous savez déjà que l'Entrepreneur général ne veut point les recevoir en paiement, à l'exception de quelques articles insignifians ; que maintenant le Ministre de la guerre fait préparer d'autres ustensiles, d'après les modèles fournis, et que lorsqu'ils seront achevés ceux dont on se sert actuellement seront infailliblement rendus à la ville ; cependant jusqu'à ce que cela se vérifie, ils devront con-

No. 13.

Magdeburg, den 12.ten November 1808.

KLEUWITZ, Commissaire des guerres, an dem Maire der hiesigen Stadt Graf von BLUMENTHAL hoch wohl gebohren.

MEIN HERR GRAF,

In Beantwortung ihres geehrtes Schreiben vom 26.ten v. M. überreiche ich ihnen hiebey ein Exemplar des am 1.ten May d. J. verhandelten Protocols über die Ubergabe der in der hiesigen Stadt worhanden gewesene Militair-Betten an die Entrepreneurs dieser Partie, herrn Emanuel Mayer, mit dem Bemerke, dass wenn die Stadt ihre Ansprüche auf den taxmässigen Werth der Betten ausführen will, dieses nicht bey gedachten Entrepreneur, sondern viel mehr bey dem Kriegs-Minister geschehen muss, welchem der taxmässige Geldbetrag von 9,582 R. 2 G. 6 P., oder 34.998 fr. 63 c. ½ dem Entrepreneur als Zahlung-statt angerechnet ist.

So viel hiergegen die Hospital Ustensilien betrifft, so ist es ihnen bereits bekannt dass der général Entrepreneur selbige, einige unbedetende Artikeln ausgenommen, gar nicht übernehmen will, dass gegenwärtig der Kriegs-Minister bereits andere Geräthschaften nach gegebene Models fertigen lasst, und dass wenn solche vollendet, die gegenwärtig in Gebrauch stehende ohnfehlbar der stadt zurückgegeben werden dürfen; bis dahin aber müssen solche noch in Gebrauch bleiben, weil ohne sie gar kein Casernement bestehen kann.

Genehmigen Sie die Versicherung meiner Hochachtung.

KLEUWITZ.

tinuer de servir, attendu que sans cela, aucun casernement ne pourrait avoir lieu.

Agréez l'assurance de ma haute considération.

Signé, KLEUWITZ.

Fidèlement traduit de l'allemand en français, à l'Interprétation générale des Langues.

Paris, le 18 décembre 1815.

Le Directeur-chef de l'Interprétation générale des langues.

Signé, E. NUNEZ DE TOBOADA,

Rue Faydeau, n.° 22.

COPIE.

OYAUME de ESTPHALIE.

DIVISION MILITAIRE.

PLACE de GDEBOURG.

N.° 14.

CASERNEMENT ET LITS MILITAIRES.

Procès-verbal constatant l'estimation et la remise aux Entrepreneurs des Lits Militaires des effets existans dans les Casernes et Magasins du Casernement de cette place, à l'époque du 1.er Mai 1808.

L'AN 1808, aujourd'hui 1.er mai, nous, Fréderich Ferdinand, Kleuwitz, Commissaire des guerres, Employé dans la troisième division militaire, à la résidence de Magdebourg, chargé de la police du casernement de cette place, en exécution des circulaire et lettre de M. l'Inspecteur en chef aux revues Villaine, en date des 11 et 22 mars dernier, ordonnant la remise aux Entrepreneurs des lits militaires, des effets existans dans les diverses casernes et magasins du casernement de la place de Magdebourg, et, aux termes de l'article XXVI du Marché des lits militaires, nous nous sommes transportés dans lesdites casernes et magasins du casernement, à fin d'y reconnaître le nombre des objets y existans, d'en constater l'état et l'estimation, et d'en opérer la remise au Préposé des lits militaires de la troisième division.

Y étant, en présence de M. Le Begue, Directeur de ce service, et la Paume, assesseur de la Municipalité de cette ville, après avoir appelé les sieurs Frisch et Tumpel, experts par nous nommés, et reçu le serment en pareil cas requis, nous avons procédé contradictoirement à l'estimation desdits effets; mais la différence du prix, donnée par chacun des experts sus-nommés, ne pouvant permettre de tomber d'accord, nous avons été contraints de suspendre ladite opération, à fin de nommer un troisième Expert, pour la fixation de l'estimation définitive.

Ayant donc appelé le sieur Keul, Estimateur, et reçu de lui le serment voulu par les Réglemens, nous nous sommes de nouveau transportés aux casernes et magasins de casernement de la place de Magdebourg, accompagné de MM. Le Begue et La Paume, ainsi que des deux Experts nommés ci-dessus, étant où ladite opération a été recommencée, le résultat ayant été arrêté ainsi qu'il suit; savoir :

DÉNOMINATION des Objets.	Classement.	QUALITÉ.	QUANTITÉS	PRIX de l'Estimation.			MONTANT Total.			OBSERVATIONS.
				R.r	g.	ps.	R.r	g.	ps.	
Bois de lits.	1.er	Bons et à réparer.	93	1	«	«	93	«	«	
	2.e	dem .	1329	1	12	«	1993	12	«	Chacun de ces objets n'étant de la dimention prescrite par le Réglement, à des prix proportionnels.
Matelats en crin.	1.er	«	82	3	14	6	295	13	«	
	2.e	«	173	5	«	«	865	«	«	
Oreillers en crin.	1.er	«	82	1	2	«	88	20	«	
	2.e	«	171	1	18	«	299	6	«	
Paillasses.	1.er	«	39	«	10	«	16	6	«	
	2.e	«	1323	«	15	«	826	21	«	
Oreillers en poil	1.er	«	29	«	1	6	1	19	6	
	2.e	«	1323	«	3	«	165	9	«	
Couvertures de laine.	2.e	«	1469	«	20	«	1224	4	«	
Draps de lits.	2.e	«	5400	«	16	6	3712	12	«	
			TAUTAUX......				9582	2	6	34,998 fr. 63c. $\frac{1}{2}$

En conséquence, les trois Experts d'accord nous ayant déclaré que les objets désignés ci-dessus, étaient en partie bons et en partie à réparer, que aucuns n'étaient des dimentions portées au Marché des lits militaires, et que les prix de l'estimation étaient modérés, nous avons autorisé le sieur Le Begue, Directeur des lits militaires, à se porter en recete d'une somme de neuf mille cinq cent quatre-vingt-deux thalers deux gros six pfenings courant, faisant, en francs, trente-quatre mille neuf cent quatre-vingt-dix-huit francs soixante-quatre centimes et demi, montant de l'estimation des divers objets détaillés d'autre part, de laquelle somme de 34,998 fr. 64 c. ½; le sieur Le Begue s'est rendu comptable envers les Entrepreneurs des lits militaires, que lui-même en sera comptable envers le Gouvernement.

De tout quoi, nous avons dressé le présent procès-verbal, signé de MM. Le Begue, Directeur des lits militaires, et La Paume, assesseur de la Municipalité de Magdebourg, des sieurs Frisch, Keul et Tümpel, Experts, et de nous, Commissaire des guerres.

A Magdebourg, les jour, mois et an que dessus.

Par ordre et autorité de
la Municipalité,
Signés, LA PAUME,
LE BEGUE.

J. FRISCH,
FERD. AUG. CHRIS. KEUL,
TUMPEL,
KLEUWITZ.

N.° 15.

Traduit de l'Allemand.

ACTE DE SIGNIFICATION

DANS L'AFFAIRE DU MAGISTRAT DE MAGDEBOURG, Demandeur,

CONTRE

Le sieur E. Mayer Dalmbert, de Paris, Entrepreneur.

Epoque fixée pour l'instruction, le dix-huit novembre mil huit cent quinze, devant le Conseiller de justice de la ville, M. Farenholz.

Faute de comparaître on donnera défaut contre la partie.

Messieurs les Membres du Tribunal royal de première instance,

Nous avons l'honneur de vous prier de vouloir bien faire signifier à M. Emanuel Mayer Dalmbert de Paris, et à ses frais, les pièces ci-jointes concernant une affaire du Magistrat de Magdebourg contre ledit, et le sieur Jacques Béchamin à Dresde, Entrepreneurs, Défendeurs, avec injonction de se conformer à la signification qui leur sera faite.

Nous vous prions aussi de nous renvoyer le plutôt possible l'acte de signification, avec l'accusé de réception au bas.

Vous nous trouverez toujours prêts, Messieurs, à vous rendre, en retour, tous les services judiciaires que vous pourrez réclamer de nous.

Magdebourg, le premier août mil huit cent quinze.

Le Tribunal royal Prussien,
de la ville et de son Arrondissement,
Signé, KOSTENOBLE.

N.° 15.

DOCUMENTUM INSINUATIONIS;

IN SACHEN DES MAGISTRATS ZU MAGDEBURG;

WIDER

Den Entrepreneur E. Mayer Dalmbert, zu Paris.

Termin zur Instruction stehet an auf den 18.ten November, 1819; vor dem Herrn Stadt-Justiz-Rath Fahrenholz.

Im Fall des Nicht-Erscheinens wird gegen Verklagten in *contumaciam* verfahren.

No. 2913. 3 Bis
R. 1r.
N.

Ein Königliches hochlöbliches Tribunal erster Instanz beehren wir uns ganz ergebenst zu ersuchen anliegende in Sachen des hiesigen Magistrats wider die Entrepreneurs Jacob Benjamin zu Dresden und Emannel Mayer Dalmbert zu Paris an den letztern erlassene Vorladung dem selben mit dem Befehl der Forleitung gefälligst auf seine Kosten insinuiren, und uns hiernächst das mit dem Behändigungs-Vermerk versehene *Documentum insinuationis* zukommen zu lassen; die wir zu allen rechtlichen Gegendiesten so bereit als willig sind.

Magdeburg den 1ten August, 1815.

Königl.-Preuss.-Land und Stadt Gericht,

KOSTENOBLE.

Le Tribunal royal de première instance de Magdebourg envoie la présente pièce au Tribunal de première instance de Paris.

Au très-honorable Tribunal royal de première instance de Paris.

Nous, soussigné, Directeur chef de l'Interprétation générale des langues, Traducteur-assermenté, déclarons et certifions à qui il appartiendra, que la pièce ci-jointe, paraphée de notre main, dont nous donnons ci-dessus la traduction, a été fidèlement traduite de l'allemand en français, sans que le sens ait été altéré en aucune manière.

En foi de quoi, nous délivrons la présente à telle fin que de raison.

Paris, le treize octobre mil huit cent quinze.

Le Directeur Chef de l'Interprétation générale des langues.

Signé, E. NUNEZ DE TABOADA.

Vu à la Mairie du deuxième Arrondissement de Paris, pour légalisation de la signature ci-dessus aposée de M. E. Nunez de Taboada, Traducteur, Directeur chef de l'Interprétation générale des langues.

Paris, le treize octobre 1815.

Vu au Secrétariat.

Signé, LACOUÊTE, Maire.

Le tribunal royal de première Instance de Magdebourg envoye la présente pièce au Tribunal de première Instance à Paris, contre les Entrepreneurs Jacob Benjamin à Dresde et Emanuel Mayer Dalmbert à Paris.

VOGT.

An ein Königl-hochlöbl. Tribunal erster In stanz zu Paris.

N°. 2912. 3°.
Re. 1er.
N.

N.° 16.

Traduit de l'Allemand.

Nous avons l'honneur d'envoyer, avec la présente, au très-respectable Tribunal civil, un avertissement adressé au Fournisseur Mayer Dalmbert, à Paris, avec la très-humble prière de le lui faire remettre.

Vous nous trouverez toujours prêts à vous rendre de pareils services en retour. Nous vous prions de vouloir bien nous faire part de la signification que vous aurez faite, aux frais dudit Dalmbert.

Magdebourg, le vingt-neuf août mil huit cent quinze.

Le Tribunal royal Prussien, Provincial et Municipal,

Signé, J. REDER.

Au Tribunal civil, à Paris.

Dans votre affaire pendante au Tribunal royal et municipal de cette ville; en conséquence de l'interruption des relations avec Paris, il vous a été assigné un Curateur dans la personne du sieur Andrée, Commissaire de justice.

En vous donnant connaissance de cette disposition, pour que vous en soyez instruit, nous vous sommons en même temps, actuellement que les relations se trouvent rétablies, de nommer vous-même votre Avoué fondé de pouvoir, parmi les Commissaires de justice de cette ville. Dans le cas contraire, vous devez vous attendre à ce que, d'après les lois, et sans autre délai, il sera passé outre à l'égard de votre affaire.

Nous vous prévenons en même temps, qu'une partie des effets que vous aviez laissés ici, a été exposée en vente par une disposi-

N.° 16.

Einem Königlichen hochlöblichen Civil Tribunal beehren wir uns, anliegend eine an den Lieferanten Mayer Dalmbert zu Paris, gerichtete Verfügung zu übersenden, mit dem ganz ergebensten Ersuchen, solche dem Herrn Dalmbert gefälligst behändigen zu lassen.

Wir sind jeder Zeit zu ähnlichen rechtlichen Gegendiensten bereitwillig, und bitten uns von der geschehenen Insinuation auf Kosten des herrn Dalmbert gefällige nachricht zu ertheilen.

Magdeburg, am 29.ten August 1815.

Königl-Preuss. — Land-und Stadt Gericht.

An Ein Künigl.-hochlöbl.-Civil Tribunal,
zu Paris.

In jhrer bey dem hiesigen Königl. — Land-und Stadt Gericht Schwebenden Credits Sache, ist wegen der bis her unterbrochenen Verbindung mit Paris in der Person des herrn Justiz Commissarius Andree als Curator bestellt worden. Indem wir ihnen dieses hierdurch nachrichtlich eröffnen, fordern wir Sie zugleich auf, nunmehr bey der wiederhergestellten Verbindung einen eignen Bevollmächtigten aus der Zahl der hiesiegen Justiz-Commissarien zu bestellen, widrigenfalls Sie zu gewärtigen haben, dass nach Vorschrift der Gesetze ohne Anstand in jhrer Sache fortgeschritten werden wird.

Zugleich machen wir jhnen bekannt, dass ein Theil der von ihnen hier zurückgelassenen Effecten wegen Deckung der zur hiesigen Salarien-Casse restirenden Kösten, durch eine Verfügung vom heutigen Tage zum öffentlichen Verkauf gestellt worden ist.

Magdeburg, den 29.ten August 1815.

Königl.-Preuss. — Land-und Stadt Gericht.

An den Lieferanten Mayer Dalmbert,
zu Paris.

tion de ce jour, et ce, pour couvrir les frais restans dus à la caisse des salaires.

Magdebourg, le vingt-quatre août mil huit cent quinze.

Signé, V. REDER.

Au sieur Mayer Dalmbert, Fournisseur,
à Paris.

Nous soussigné, Directeur-chef de l'Interprétation générale des langues, traducteur assermenté, déclarons et certifions, à qui il appartiendra, que la pièce ci-jointe, paraphée de notre main, dont nous donnons ci-dessus la traduction, a été fidèlement traduite de l'allemand en français, sans que le sens ait été altéré en aucune manière.

En foi de quoi, nous délivrons la présente à telle fin que de raison.

Paris, le treize octobre mil huit cent quinze,

Le Directeur en chef de l'Interprétation générale des langues.

Signé, NUÑEZ DE TOBOADA.

Vu à la Mairie du deuxième arrondissement de Paris, pour l'égalisation de la signature ci-dessus apposée de M. E. Nunez de Toboada, traducteur assermenté, Directeur-chef de l'Interprétation générale des langues.

Paris, le treize octobre mil huit cent quinze.

Signé, LACOUÊTE, Maire.

DE L'IMPRIMERIE DE J. SMITH, RUE MONTMORENCY, N°. 16.

www.ingramcontent.com/pod-product-compliance
Ingram Content Group UK Ltd.
Pitfield, Milton Keynes, MK11 3LW, UK
UKHW020210250726
13967UKWH00003B/1385